规矩成方圆

——园长流程管理能力的提升

张春炬等　著

北京师范大学出版集团
BEIJING NORMAL UNIVERSITY PUBLISHING GROUP
北京师范大学出版社

图书在版编目(CIP)数据

规矩成方圆：园长流程管理能力的提升/张春炬等著. —北京：北京师范大学出版社，2016.10(2023.4 重印)
（幼儿园园长专业能力提升丛书）
ISBN 978-7-303-20986-6

Ⅰ. ①规…　Ⅱ. ①张…　Ⅲ. ①幼儿园－教育管理　Ⅳ. ①G617

中国版本图书馆 CIP 数据核字(2016)第 173004 号

图书意见反馈　gaozhifk@bnupg.com　010-58805079
营销中心电话　010-58802181　58805532

出版发行：北京师范大学出版社　www.bnup.com
　　　　　北京市西城区新街口外大街 12-3 号
　　　　　邮政编码：100088
印　　刷：天津旭非印刷有限公司
经　　销：全国新华书店
开　　本：787 mm×1092 mm　1/16
印　　张：12.25
字　　数：233 千字
版　　次：2016 年 10 月第 1 版
印　　次：2023 年 4 月第 6 次印刷
定　　价：32.00 元

策划编辑：罗佩珍　　　　责任编辑：齐　琳
美术编辑：焦　丽　　　　装帧设计：锋尚设计
责任校对：陈　民　　　　责任印制：马　洁
封面插图：张乃文　　　　指导教师：高安钦

版权所有　侵权必究
反盗版、侵权举报电话：010-58800697
北京读者服务部电话：010-58808104
外埠邮购电话：010-58808083
本书如有印装质量问题，请与印制管理部联系调换。
印制管理部电话：010-58805079

作 者：（按姓氏笔划排序）

王 萍　王 清　任海霞　刘 立

刘 宁　刘雅楠　李 芳　李海涛

张艳荣　张春炬　陆 红　陈 扬

陈爱玲　郑含冰　孟凡菊　赵景梅

胡中天　栗艺文　徐 晶　殷晓辉

郭俊敏　康景艳　蒋 卓　韩 兴

樊继英　魏明丽

幼儿教育具有奠基性和养成型特点，在人的一生中具有重要的价值与作用。但曾几何时，我国幼教事业却被弱化和边缘化。2010 年 7 月，国家颁布了《国家中长期教育改革和发展规划纲要(2010－2020 年)》，其中以专章阐述了我国学前教育的发展规划。同年 11 月，国务院又颁布了国发〔2010〕41 号文件——《国务院关于当前发展学前教育的若干意见》，提出了十条关于学前教育的发展要求。伴随两个文件的诞生，2010 年被誉为中国幼教的春天。在幼教的春风里，2011 年 6 月，教育部批准在东北师范大学设立了教育部幼儿园园长培训中心(以下简称园长中心)。园长中心与国家教育行政学院、设在华东师范大学的教育部中学校长培训中心(1989 年成立)、设在北京师范大学的教育部小学校长培训中心(2000 年成立)，共同构成了我国从幼教到高教的完整教育管理者国家级培养培训体系。园长中心被业界誉为我国幼儿园园长成长的"黄埔军校"。园长中心的全国骨干园长高级研修班(每年 5 期，每期每省 2 个名额，培训期 1 个月)被称为"幼教黄埔班"；全国优秀园长高级研究班(每年 1 期，每期每省 1 个名额，培训期为 2 年)被称为"黄埔精英班"。张春炬园长是园长中心"黄埔二期"和"黄埔精英一期"的学员，同时也是园长中心聘任的实践教学专家。我也去过张园长所在的河北省保定市青年路幼儿园考察学习，因此对张园长比较了解，并亲身感受到了她对幼教的热情和办园的非凡才华与卓越能力。能够为张园长的著作《规矩成方圆——园长流程管理能力的提升》写序，我感到十分高兴。

众所周知，由于特定的历史原因，我国幼教事业起步晚、发展慢，可以说现在是"三无"状态："一无"国内公认的知名园所，"二无"国内公认的知名园长，"三无"国内公认的知名教师。与中小学相比，幼儿园准入门槛低、办园类别杂、办园规范差、教师队伍素质不高，特别是园长水平参差不齐。为促使幼儿园健康发展，近年来，国家颁布了一系列幼教法规和文件，如《幼儿园管理条例》《托儿所幼儿园卫生保健管理办法》《幼儿园工作规程》《3—6 岁儿童学习与发展指南》《幼儿园教师专业标准(试行)》《中国儿童发展纲要(2011—2020 年)》等，这些文件都对幼儿园教育质量的提升提出了要求。对于幼儿园的发展来说，讲求"火车跑得快，全凭车头带"，因此，加强园长队伍建设与管理，尽快提升园长素质和水平显得尤为重要。2013 年教育部教师工作司委托园长中心研制《幼儿园园长专业标准》(以下简称《园长标准》)，经过一年半的努力，《园长标准》于 2015 年 1 月由教育部正式对外发布。《园长标准》中提出了"以德为先、幼儿为本、引领发展、能力为重、终身学习"五个园长的工作理念，明确了"规划幼儿园发展、营造育人文化、领导保育教育、引领教师成长、优化内部管理、调试外部环境"六大园长专业职责。《园长标准》的出台，成为各级教育行政部门进行幼儿园园长队伍建设和管理的重要依据，也是幼儿园园长自身专业发展的基本准则，更是幼儿园园长工作的明确范畴。为进一步落实《园长标准》，园长中心还组织编写了《〈幼儿园园长专业标准〉解读》(北京师范大学出版社 2016 年出版)，北京师范大学出版社也组织了一批优秀学前教育教研员、幼儿园园长编著了一些相关书籍，张春炬园长等编著的这本《规矩成方圆——园长流程管理能力的提升》就是其中之一。这些书籍的出版将为幼儿园园长如何提高管理水平、促进幼儿园发展提供有益帮助。

通读《规矩成方圆——园长流程管理能力的提升》，我认为本书有以下三个特点。

一是科学性。流程管理源于企业管理实践，是企业管理规范化、效率化、绩效优化的成功探索，是当代流行的管理范式。尽管著者来自幼儿园一线，但没有削弱本书的理论性和科学性。全书从流程管理的含义、特点、理论概述，到流程管理在幼儿园教学和行政工作中的应用，再到流程管理的思考，将理论与实际紧密结合。通过保定市青年路幼儿园在幼儿园流程管理中的"学习、反思、实践、创新"，从"如何提升教师工作效能，如何规范教师要求，如何提高幼儿活动"为目的探索和研究，指出科学规范的流程化管理不仅使每一位教职员工能够明晰地执行自己的职责，也促进了各部分之间的相互沟通与合作，把幼儿园管理中存在的各种问题给予及时的解决，从而全面提高幼儿园的教育质量。

二是全面性。本书的组织由理论到实践，逻辑紧密，全面阐述了流程管理在幼儿园各个方面管理的应用。全书共分五章，分别介绍了流程管理的理论及其在幼儿园中的应用；幼儿园管理的重中之重——流程管理如何在教师教学管理和行政管理的关键事件中发挥作用；流程管理在实践中的一些思考，流程管理在幼儿园中实践可能会遇到的注意事项等。书中把幼儿园的管理工作细化为十大流程：系统化的教师培养、规范化的教师常规、严谨化的教育科研、和谐化的家园共育、协调化的活动策划、科学化的膳食管理、标准化的安全管理、严格化的卫生保健、条理化的资产管理、系统化的入园管理。读者可以一目了然地了解幼儿园的全面管理工作。

　　三是实用性。提高幼儿园管理的实效性是每一位园长关注的核心问题，"举实例"是帮助读者将理论应用于实践的有效方法。本书以"夹叙夹例"的方式将流程管理的每一个内容配以案例，为读者提供了应用流程管理的宝贵实践经验，使读者能够既对内容清楚理解，又学会了如何有效执行。特别是对新园、小园等不太规范的幼儿园园长以及初任园长来讲，本书具有良好的实用性与可操作性。

　　总之，我认为本书是一本值得一读的好书，读者定会从中受益！

教育部幼儿园园长培训中心主任 缴润凯
2016 年 7 月于长春

前言

　　转瞬间，做幼儿园园长已近20年了。这些年中有过踌躇与徘徊，也有过快乐与痛楚，所幸我还在这条道路上坚定地前行。

　　每每在夜深人静的时候，坐在书桌前，总是有这样的问题萦绕在我的脑海——幼儿园管理中最需要注意的问题是什么？如何才能让幼儿园的管理变得像企业管理那样规范和科学？

　　一个欧洲很著名的故事给予了我灵感。这个故事的名字叫作"一根铁钉亡了一个国家"，内容大致是这样的：

　　为抢夺英王国的权杖，英格兰的王室查理三世与兰加斯特家族的亨利伯爵已相互征战了30年。1485年的冬季，在波斯沃斯城郊的荒原上，双方最后的一场较量打响了。两军对垒，刀光剑影、旌旗猎猎。查理三世气宇轩昂，策长鞭，挥长剑，主动出击；千军万马紧随其后，步步紧逼；而对方则连连后退，身后的不远处，是一片辽阔的沼泽，泛着绝望的寒光。

　　查理三世似乎已经看到了胜利女神灿烂的微笑。突然，战马一个趔趄，查理三世跌翻在地。众官兵误以为统帅中箭阵亡，顿时军心大乱，慌作一团。亨利伯爵趁势大举反攻，在阵前生取查理首级，不仅化险为夷、转败为胜，而且从此将英格兰置于都铎王朝的统治之下。

　　原来，决战前夕，马夫在给查理三世的战马替换铁掌时，少了一根钉子，一时寻觅不得，马夫便草率地将就着过去了。谁能料到，就在发起总攻的关键时刻，那只少钉了一根铁钉的马掌偏偏松掉了，战马失蹄，将查理三世摔倒在地上。

　　一根铁钉缺失了，一场战役打输了，一项王冠易主了。在我感叹历史无情时，也不禁在想"一根铁钉都有可能决定一个国家的命运"，在幼儿园的工作中又何止一根铁钉这么简单。我们面对的是活蹦乱跳的孩子，工作烦琐复杂，方方面面的细节成百上千，谁又能知道由于某一个细节的疏忽或遗漏将会造成什么样恶劣的后果呢？

　　为此，我学会了谨慎，也认识到了学习的价值。

　　2010年，我园开始借鉴企业流程管理的经验，探索在幼儿园内部实践流程管理。次年，我园向河北省教育科学研究所申报了"十二五"课题"幼儿园流程管理的实践与研究"，以"如何提升教师工作效能，如何规范教师要求，如何提高幼儿活动"为目的进行探索，带领全园教师开创了一条"模仿—反思—实践—创新"之路。经过大家不懈的努力，在近5年中，我们总结出了90多条幼儿园各项工作流程及程序，并在实践中不断完善和修改，使其更加规范和科学。课题研究的过程也让我们获得了很多有益的管理经验。

课题研究末期，为了把这些有价值的管理经验撰写成文字，课题组成员利用自己的假期时间进行写作，不辞辛苦，不计付出，反复修改，在两个月的时间里完成了全部的撰稿工作。

在这期间，李芳和栗艺文两位老师，不但完成了很多文字撰写工作，还抽出自己休息的时间，对所有的文字进行统稿、修改和完善，由于本书参与的编写者众多，大家的文笔和文风各有不同，需要他们对整个书稿进行统一协调，其工作量不言而喻。

作为幼儿园的一把手和领头人，大家的辛劳我都记在心里，我也在此对每位教师的付出表示深切的感谢！

在本书的编写过程中，我们较为关注三类问题。一是适应性问题。本书的第一章共分五节对这一问题进行了论述。早在课题研究阶段，研究人员已经对企业流程管理和幼儿园流程管理的差异性进行了分析、讨论、定位。本着取其精华的原则，我们借鉴了企业流程管理中适合幼儿园管理的内容，以及能帮助我们理顺管理关系的理论要素，通过在幼儿园一线管理工作中的实践检验与总结提炼，呈现出了富有特色的幼儿园流程管理经验。二是流程的来源问题。通常，管理理论书籍都非常关注内容的高度和深度问题，但本书仅是一本工具书，易于操作的特点更突出。书中列举的流程案例均来自一线，是我们通过总结、提炼而呈现出的实践精髓，为真正的理论研究者提供了重要的研究样本。三是对流程管理本身的反思与总结。流程管理需要符合实际的大量流程图、表等确保管理目标的实现。在这个过程中，一定会涉及流程与制度、职责等的关系问题，会涉及流程管理的有效性如何检验等问题。本书的最后一部分，我们把对这些问题的反思以及再实践的真实情况进行了总结、呈现，以期用文字来表达我们的真实、真诚、真心，期待与您共勉、共进、共成长。

恳请您的批评指正。

张春炬

2016年7月于保定青幼

目 录

第一章　流程管理概述

　　幼儿园的工作是千头万绪的，如何有序地做好管理工作是摆在每一位管理者面前的头等大事。教育部 2015 年 1 月颁布的《幼儿园园长专业标准》指出，幼儿园园长应"秉承先进教育理念和管理理念，突出园长的领导力和执行力。不断提高规划幼儿园发展、营造育人文化、领导保育教育、引领教师成长、优化内部管理和调适外部环境等方面的能力……"此要求不仅对园长的管理能力提出了明确的标准，同时也为衡量园长的管理工作提供了评价性的指标。

　　流程管理是基于"精细化管理"理念提出的，是园长管理能力的重要体现。现代管理学认为，无论是大公司，还是小单位，加强和改进整个流程的管理工作是规范管理过程、提高管理效率的一条捷径。战略管理可以使幼儿园明确工作方向，做正确的事；而流程管理却可以使幼儿园在工作过程中找到最佳的工作方法，把事情做正确。

第一节　流程管理与流程

一、流程管理

　　流程管理来源于企业，是企业管理的一种方式。其定义为：一种以规范化的构造端到端的卓越业务流程为中心，以持续地提高组织业务绩效为目的的系统化方法。流程管理的核心是流程，流程是任何企业运作的基础，企业所有的业务都需要流程来驱动，就像人体的血脉，流程把相关的信息数据根据一定的条件从一个人（部门）输送到其他人员（部门），得到相应的结果以后再返回到相关的人（或部门）。

　　幼儿园流程管理以规范化的、支持卓越绩效的业务流程为中心，以实现幼儿园战略目标、持续提高教育教学质量为目的的系统化方法，通常包括流程设计、流程实施、流程监督等环节。幼儿园流程管理的目的是优化幼儿园管理，并在不断得到优化的幼儿园工作流程中创造更多的教育效益。

案例 1　加班费的核算和发放流程

为了更好地统计、计算教师的加班费，某幼儿园为此制定了加班费核算流程和发放流程。由于流程的跨度比较大，为了便于找到流程的所有者，幼儿园将核算流程归给各块不同的管理者，将发放流程归给幼儿园财会人员。

其中在加班费核算流程中，管理人员明确了核算的日期（每月的 25 号）和工作的内容（各块管理人员按考核制度计算本部门教职工的加班奖金数目；完成计算之后，到副园长那里进行核对、审核、调整与审批等），这样，加班费核算流程就算完成了。

之后就进入了奖金的发放流程，各部门的管理人员将核算加班费的表格经过园长的最终审核、确认，然后再交由财会人员进行审核，通过银行进行发放（此工作要在次月的 5 号之前完成）。

当这些流程报送园长进行审批的时候，园长提出一个建议：核算流程的所有者只关心是否在规定时限内完成了奖金的核算，发放流程的所有者只关心发放的效率是否在要求时间内，而教师只关心奖金是否及时、准确地发放到了手中。在园长的建议下，该幼儿园将两个流程进行了合并，此后该流程的整体效率与效果都得到了改善。

在此案例中，大家可以看到流程管理并不只是设计、制定管理流程，它更应是一种系统的管理方法，一种以流程为导向的管理模式。以财务管理与流程管理为例，财务管理通常包括财务处理、管理会计、资金管理、内部审计、固定资产管理等，这其中每一块都需要有专人去负责，这些都是例行的日常工作，财务管理就是把从事财务管理工作的相关人员集合在一起。而流程管理不同，无论是流程规划、流程设计、流程梳理、流程优化、流程评估等都是流程所有者本身的事情，而不需要再去找其他人负责。由此，我们可以看出，它不应该是一个独立的职能管理领域，它的本质是管理思维与管理方法。

二、流程

流程是多个人员、多个活动有序的组合。它关心的是谁做了什么事，产生了什么结果，传递了什么信息，这些信息传递给谁。为了让所有工作人员了解某项工作的具体操作程序，一般情况下，人们会运用流程图的方式，通过适当的符号记录工作中的全部事项，用以描述工作活动的流向与顺序。

如图 1-1"园本培训工作流程"中，涉及教科研室、教师、保教主任、教研组长等相关人员的参与，涉及各级管理者工作的交接和传递，涉及园本教研过程中不同人员的分工与合作。虽然我们可以看到这个工作中涉及的人员多、程序多、信息多，但是运用流程来进行管理，不仅能够使这项工作顺畅有序，还能调动多种力量参与，高质又高效，这就是将工作流程化管理的优势所在。

另外，在这个流程中，我们还可以看出流程

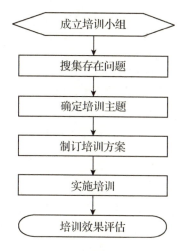

图 1-1 园本培训工作流程

具有三个要素：一是任务的流向，即任务的传递方向和次序；二是任务的交接，即任务的交接标准与过程；三是推动力量，即流程内在的协调与控制机制。由流程的定义，大家也可以清晰地明白：流程不仅包括做事的顺序，还应包括"如何高质量、高效率地把事情做好，以及做好这件事需要的支持条件"等内容。

第二节 流程管理对幼儿园的重要性

在罗马法鼎盛的时代流传着这样一个故事：一个失去丈夫的不幸女人生养了两个儿子。在某年圣诞夜，因为贫穷，这个家庭的圣诞晚餐只有一块小小的面饼。这个不幸的女人决定把面饼分给两个儿子。当她把两个儿子叫到桌子前，准备掰开这个面饼时，大儿子就有意见了："你怎么这么糊涂啊。你这样随便掰开，饼会有大小的，这怎么公平呢?"小儿子也点头附和。做娘的拗不过两个儿子，只好到厨房拿了一把菜刀，准备用刀从中间切开面饼。但当她刚要切的时候，小儿子又有意见了："你真是越来越偏心眼了，你这样切，老大的那一半明显要比我的大嘛。"说着，小儿子就顺手把刀往老大那边推了推。这一推，大儿子又不答应了："你看你看，刚才切得好好的，你把刀这样一动，我这边的半个饼明显小了嘛。不行，还是得照刚才那样来切才公平。"就这样，这个女人手中的刀被两个儿子推来推去，无论她心里多么想把面饼切得公平一些，饼也分不好。

无奈，这位可怜的母亲想了一个办法："老大，你过来，你来切这个饼。但有个条件，你要让你弟弟先挑切好后的半个饼。"又转头对小儿子说："老二，饼让你哥哥切。但切好后，让你先挑，你要认为哪半边饼大，你就挑走。"这一下，兄弟俩都无话可说了。老大只能切得公正才行，如果切得有大有小，大的那半块肯定会被老二先挑走；老二呢，可以先行选择，即使切开后的饼，两边用肉眼难以区分大小，他也心安。于是，面饼就这样分好了。

这个故事流传至今，也被很多人所熟知。从故事表面来看，母亲解决的是如何分饼的问题，而对于其背后的含义却有着不同版本的解释，如公平问题、孝道问题、机智问题等。

如果把它演绎到幼儿园管理中来，这个故事中隐喻的是工作流程的重要性问题。在故事中，大家可以看到，母亲刚开始分饼是没有流程的，只是凭感觉和经验做事，这样的状况同时引发了两个儿子的不满，而当母亲制定了分饼的流程——"大儿子分饼、小儿子选饼"之后，虽然两块饼之间仍存在着大小差异，但是他们却都没有意见了。

而对一个单位而言，很多工作同样会经历相似的问题，需要客观、合理的工作流程引导，运用流程管理对员工的工作过程进行监督，运用流程管理限制员工的主观随意性，提高其工作的科学性、时效性，从而提升全园的管理质量和水平。

海尔集团的总裁张瑞敏曾说过："流程管理是海尔集团的制胜法宝。"很多教师也许会问，流程管理在企业中应用得有效，也很成功，但作为教育机构的幼儿园，为什么也要开展流程管理呢？其原因主要有以下几个方面。

一、幼儿园管理现状的需要

大家在工作中经常会发现，现在社会上有很多规模较大的幼儿园，虽然办园历史较早，办学口碑不错，但是幼儿园的整个工作过程还处于传统的、粗放式管理的阶段，幼儿园的总体管理框架结构较为松散，管理对象"粒度"过大，难以窥见细节的精华，大部分工作无法度量。这样的管理模式势必会阻碍幼儿园的进一步发展。

案例 2　赵园长的管理困惑

> 赵园长在某小学的附属幼儿园当园长已经有六七年了，附属幼儿园有大、中、小共3个班级，加上园长本人一共有4名教师。赵园长是一个勤奋、努力的领导，在她的带领下，附属幼儿园的教学质量很好，家长口碑也不错。后来，她

她被提拔到镇中心幼儿园去当园长。慢慢地，她觉得自己的管理似乎出了问题。比如，在工作中她经常发现幼儿园教师对于很多事情该怎么做没有一个明确的概念，事无巨细都要她拍板。她在园时还好一些，一旦遇到出差办事，幼儿园里的事情肯定就会乱套。而每当一件事情出现时，大家也是经常相互推诿，都不愿承担责任。久而久之，幼儿园的正常工作不但受到了影响，赵园长也经常为幼儿园的事情忙得头昏脑涨，心烦意乱。

在本案例中，大家可以看出赵园长在附属幼儿园任职时，由于其办学规模小，人员少，人际关系简单，因此管理起来相对比较容易。但随着环境的改变，她来到办学规模比较大的镇中心幼儿园工作时，遇到的问题就变得纷繁芜杂起来。在这个时候，如果没有一个完善的人员和工作流程管理机制，仅凭她一个人的精力，肯定会力不从心、问题百出的。由此，我们可以看到流程管理对于约束教师行为，细化管理目标有多么重要。

二、提升教师专业素质的需要

在工作中，我们会经常发现很多教师不会终身都在一所幼儿园中任职，尤其是在私立幼儿园，这种现象更为普遍。众所周知，教师的流失不但意味着教育资源的流失，同时也意味着没有教学经验的新教师在工作中所隐藏的风险。如果我们能将日常教育教学的一般规范、幼儿园优秀教师的经验、教育行业的最佳实践汇总起来，加以整合优化，研制出适合本园的各种管理与控制流程，那么就可以最大限度地降低个体因素带来的影响，为全园的教育教学和后勤服务等提供一个最基本的质量标准。凭借这个标准，青年教师可以迅速适应岗位要求，快速成长；经验丰富的教师也可以通过改善流程中的关键环节，获得更好的教育教学效果。

案例3　孩子摔伤以后

某私立幼儿园中年轻教师在这里工作的时间都不太长，工作两年的刘老师由于生孩子辞了职，为了不影响班级的正常教学，园长招聘了刚幼师毕业的马老师到班上任教。

户外活动时间，一名幼儿在和同伴追逐打闹时不慎将腿摔伤了，没有经验的马老师看到孩子的腿部只是有一些轻微的瘀青，并没有在意，也没有及时上报园长及相关负责人。傍晚，家长来接孩子的时候，马老师才发现孩子的腿已经不能动了，到医院拍完片子，才知道孩子的腿骨骨折了，需要马上动手术。由于马老师的疏忽，并没有在事情发生后，及时对孩子的伤腿进行保护，致使孩子乱动，延误了最佳治疗时机，这也给孩子的身体造成了不可弥补的伤害。家长于是把幼儿园告上了法庭，导致了幼儿园工作的被动。

案例中，新招聘的教师不能迅速适应新的岗位，不了解应急事件的处理方式与方法，是造成家长不满的关键因素。如果幼儿园能够预先做好"新教师入职培训流程"，设计好"幼儿安全事故处理流程"，通过相应流程的培训，让每位教师知道遇到此类安全事故时的应对方法，同时了解事情发生后的补救措施，明白先做什么后做什么，就不会手足无措或置之不顾，也不会导致家园工作的危机出现。

三、提高幼儿园工作效益的需要

富有经验的幼儿园教师都知道，在日常工作中有很多内容都是重复性的，如招生、招聘、备课、听课、组织开放性活动等，如果能够将这些重复性的工作科学化、规律化，制定出规范的流程，使其中的每一个操作环节都相互关联、相互衔接，就能明确每个部门的工作职责和各部门间的合作关系，从而提高幼儿园的工作效益，提升幼儿园的办学水平。

案例 4 公车带来的烦恼

某幼儿园为了工作的需要，购买了一辆公车，园长向所有的员工提出，只要是幼儿园的公事，都可以申请使用。

六一前夕，根据班级活动的需要，保教主任急需到市场去采购一些活动所需的各种玩具，因为品种繁杂、数量较多，携带不方便，就向教学副园长提出了使用公车的请求。教学副园长同意后，保教主任去找公车司机，准备马上出发。

可是在幼儿园找了一圈，也没有找到司机，原来就在十几分钟前，司机被幼儿园后勤采购人员叫走，去买给孩子发放的礼品了。

保教主任很着急，因为没有车辆的支持，她想让采购人员将所需的玩具一起买回来，可是通过电话根本说不明白，而且双方要去的又不是同一个市场。沟通无果后，保教主任只好自己打车去市场，既耽误了精力、时间，又支出了本可以节省掉的打车费用。

这件事情反馈给幼儿园管理者后，大家很快就注意到这件事背后存在的问题：一是幼儿园教学部与后勤部都要为六一的活动购买相关的物品，却没有进行沟通与协商；二是幼儿园的公车在使用过程中没有相应的管理部门，也没有相关的使用流程，不能做到科学、规范、有效地利用。

为此，幼儿园将公车的管理权交给办公室，办公室制定了"使用公车办事申请流程"，并提出要"提前一天进行申请，使用前要填写表格"的要求。通过这样的方式，能较准确地掌握公车的出车时间段，做好使用衔接，不但提高了公车的使用效率，也让使用者感受到了便捷。

综上所述，高质量的流程管理系统所带来的最大好处就是能有效提高工作效率，以流程标准化来管理工作进程，推进各岗位人员之间的及时跟进配合。工作任务及事务出现时，各岗位人员按照既定的流程各自进行相关的工作，最大化减少因个人理解差异、人与人之间衔接不到位等不确定因素对工作进程的干扰。这样，幼儿园管理者只需对工作进程保持一定的监控即可，即便是管理者不在现场进行监控，工作事务也可以不受大的影响。再者，即便出了事故与问题，也能按照事先所明确的流程和相关岗位人员的责任划分情况，迅速找出问题所在，追查出事故责任人，避免内部的扯皮与推诿现象的发生。

第三节　幼儿园流程管理中需要哪些流程

企业流程一般都包括行政类流程、人力资源类流程、企管类流程、财务类流程、资产管理类流程、经营计划类流程、招标采购类流程、设计类流程、工程管理流程、生产管理流程和技术管理类流程等，其工作性质和特点鲜明。作为非营利性组织的教育机构，我们根据幼儿园的工作性质和特点，对所需要的流程类别进行了分类，总体应该包括两个方面：一是幼儿园常规工作流程；二是幼儿园应急工作流程。

一、常规工作流程从细节出发，严明纪律，提高质量

幼儿园的常规工作是指"能够维持日常的教学秩序，以提高教育教学效率，促进幼儿全面发展"的所有工作的总和。其主要包括保教工作、教科研工作、家长工作、行政后勤工作和安全工作等。由于这些工作很多都是幼儿园管理者和教师每天都需要经历的事情，所以通常不会引起教师的广泛关注。大家往往会凭经验做事，而不去制定相应的工作流程，提出必要的工作要求，从而造成一些不必要的麻烦。

案例5　朵朵午睡后

　　午睡前，杨老师请几个小朋友收拾、整理游戏材料。朵朵在整理积木时，不小心摔倒在地上，其他小朋友赶紧告诉了杨老师。通过检查，杨老师并未发现朵朵身上有外伤，询问她自己，也没有感到有什么异常反应，杨老师便安抚朵朵入睡了。

　　上下午班的明老师来接班时，杨老师凭借自己的已有经验，向明老师交代了幼儿出勤人数，由于感觉朵朵的摔倒并没有引起什么异常，所以并没有将其摔倒的情况进行交接。

　　下午，当幼儿起床时，明老师发现朵朵穿衣服时抬不起胳膊，掀开衣服发现其右肩处红肿，随即赶紧将朵朵送到医务室。保健医生检查后带朵朵到附近医院进行检查，经拍片后确定其为锁骨骨折，由于中午摔伤到下午诊治，其中有一定的时间差，朵朵的父母很不满意，并向幼儿园提出索赔的要求。

　　在以上的案例中，大家发现很简单的交接班工作在杨老师的凭经验判断的情况下出现了很严重的问题。这一方面说明了教师在判断幼儿伤情的过程中出现了失误，另一方面也表现出了幼儿园在班级教师交接班管理中的漏洞。如果幼儿园设立了相应的"教师交接班流程"，规定了教师在交接班时需要交代的内容，并要求教师严格遵守流程办事的话，也许这样的失误就不会发生。

　　人们常说"细节决定成败"。因此，大家在制定常规工作流程时，还要注意将一些不同时间、不同状况、不同季节所提出的不同要求进行细化，并写在"流程说明"中，以帮助教师明确认识，将自己分内的工作做到位。

案例6　你通风了吗

　　冬日的清晨7：40，周园长又像往常一样在楼道里巡视，她关注的不仅仅是班级教师的到岗情况，还要看看教师们的站位、班级的卫生及通风情况。当她走到小一班的时候，一股浓重的尿骚味传了出来，周园长不禁皱起了眉头。她走进班级，发现所有的窗户都是关闭的。

　　周园长叫来了值早班的郭老师，询问其为什么没有根据幼儿园所制定的"教师上岗流程"开窗通风。郭老师说："我已经通过风了，只是考虑到户外的气温太低，为了让活动室暖和点，避免孩子们感冒，我们只开了 5 分钟。流程里也没有规定开窗的时间呀？"听了郭老师的话后，周园长细心地向郭老师介绍了空气清新对于幼儿的重要性，并让郭老师将班级所有的窗户打开，冲刷厕所便池。过了好一会儿，活动室的味道才变得不那么难闻了。

在接下来的巡视中，周园长发现除了小一班，还有几个班级也存在班级通风时间过短的现象。于是，她将保健医生叫来，并召集教研组长共同就"班级通风应该多长时间为宜"的问题进行讨论，最终制定出不同季节的通风规定，如"冬季 20 分钟，春秋季 30 分钟，夏季全天通风；如遇特殊天气如雾霾、刮风等可自行掌握"，并备注在"教师上岗流程"的流程说明中。自此以后，班级教师都清楚了班级通风的时间要求，活动室再也没有出现有异味的情况。

以上案例中，周园长将自己发现的问题，与相应的管理人员和教师进行沟通，发现了流程中没有涉及的细节，通过讨论达成一致意见，再将其贯彻到工作流程中。运用流程说明，规范了教师的行为，明确了工作的标准。

由此可见，在幼儿园的常规工作中，即使是最平常、最细微的点，幼儿园管理者也应该给予关注，从点出发，汇集成线，再组成幼儿园的教育教学网，促进全园教育教学的提升。表 1-1 中所列举的是某园常规工作流程的类别及项目，大家可以作为参考。

表 1-1 某园工作流程汇总

工作部门	工作类别	流程名称
教育教学	保教管理	班级搬家流程、家长开放日组织流程、家长会组织流程、外出活动管理流程、教师带教工作开展流程、公共教室使用流程
	班级管理	教师交接班流程、教师上岗流程、教师晨间工作流程、户外活动组织流程
	教科研管理	园本教研上岗流程、课题申报流程、课题结题流程
行政后勤	办公室管理	公文管理流程、值班工作流程、幼儿城镇医保办理流程、评先评模工作流程、招生工作流程、幼儿出入园流程、会议组织流程、使用公章流程、重大活动接待流程
	总务室管理	固定资产上报流程，固定资产检查流程，固定资产报损流程，固定资产退库流程，物品申购流程，物品验收流程，物品入库、出库流程，伙委会组织流程

续表

工作部门	工作类别	流程名称
行政后勤	医务室管理	接诊流程、幼儿全面体检工作流程、新生预防接种工作流程、职工生育险审批流程
	门卫室管理	家长接送幼儿进园流程、接送卡办卡流程、接送卡补办流程、无卡家长进园流程、外来车辆进园流程、外来人员进园流程、物品收发流程、隐患排查工作流程
	幼儿食堂管理	食品留样记录流程、幼儿食谱制定流程、食堂采购验收流程、食堂开放性活动流程、食堂库房管理流程

◇ 二、应急工作流程以预防为主，稳中求细，确保安全

幼儿园除了有很多常规工作以外，还有很多应急工作，也相应地产生了一些工作流程，如自然灾害应急工作流程、幼儿安全应急工作流程、防暴事件应急工作流程等。这些流程的设计与实施，能够很好地应对突发事件的发生，保护幼儿和教师们的生命安全。

✍ 案例7 新闻事件引发出的流程

刚上班，某园赵园长就召集全园教师组织了一个有关安全的紧急会议。会议上，赵园长向大家介绍了今早在《早间新闻》看到的，发生在广东雷城、福建南平、陕西南郑等地的恶性砍杀儿童的校园暴力事件，并带领教师讨论了对这些事件的看法。

会议结束后，赵园长又召集负责幼儿园安全工作的管理人员，就"如何应对暴徒、怎样保护师幼的生命安全"为题开展了大讨论。讨论后，要求安全工作管理人员务必制定相应的应急流程，以保证没有恶性事件在幼儿园内发生。

安全管理人员马上着手设计相应的流程（见图1-2），并组织幼儿园门卫、安全工作人员开展防暴力演习，为门卫配备电棍、叉棍等装备，让师幼安全地度过每一天。

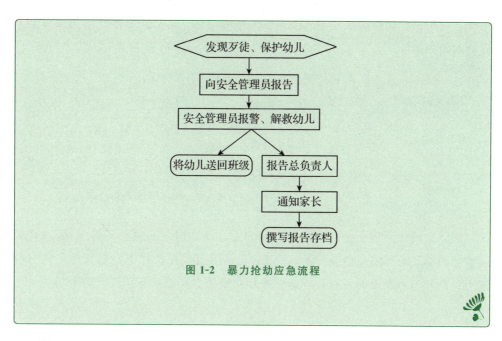

图 1-2　暴力抢劫应急流程

案例 8　孩子走失事件引发出的流程

　　前段时间，很多媒体都在争相报道有关"宝贝回家"的内容，虽然其中很少有在幼儿园走失儿童的案例，但这依然引起了刘园长的警觉。刘园长所在的幼儿园每个学期都会组织一些带领幼儿走向自然、走进社会的开放性活动。与这些活动相关的场所，如公园、动物园、游乐场、超市等，都容易发生走失事故。为此，如何保护幼儿在活动中不受伤害，避免走失，成为幼儿园必须要考虑的问题。

　　为此，刘园长组织参与开放性活动的各部门人员制定了"外出活动管理流程"，并在此基础上，提出了"意外伤害事故应急流程"。一方面从组织上明确不同人员的职责，提出不同环节所要遵守的要求，杜绝幼儿走失现象的发生；另一方面，万一幼儿遇到了意外伤害，也能及时根据流程开展相应的救治工作。

　　这些流程的出台，使幼儿园对具有危险隐患的工作做到了"考虑在先，预防在前"，明确不同人员的职责，为幼儿的生命安全护航。

　　俗话说"幼儿园安全工作无小事"。在以上的案例中，幼儿园管理者通过不同的事例，对幼儿园工作进行思考，强化"幼儿安全责任重于泰山"的责任意识，牢固树立"以人为本""安全第一，预防为主"的思想，本着对教师和幼儿极度负责的精神，运用流程切实加强对幼儿园安全工作的领导。这些都是做好幼儿园安全工作的前提和保证。

表 1-2　某园应急工作流程的类别及项目

工作部门	工作类别	工作流程
教育教学	保教管理	幼儿外出活动走失应急流程
	班级管理	暴力抢劫应急流程
行政后勤	办公室	应急接待工作流程
	医务室	交通事故应急流程、意外伤害事故应急流程

另外，幼儿园还要在这些流程的基础上，设计相应的应急演习预案，如"火灾演习预案""地震演习预案"等，帮助幼儿培养自我保护意识，提高他们的自救能力。幼儿园对安全的重视，不能仅停留在纸面上，更要落实到行动中。

第四节　流程是这样形成的

通过对前面部分的认识，大家知道流程管理的方法与工具是流程，流程的本质不是流程的岗位分工，不是流程图，不是流程的管理标准，也不是流程相关的管理制度，而是流程存在的目的、意义与价值。只有掌握了流程的目的和价值，流程的设计才是有灵魂的，幼儿园才会知道方向在哪里，才会围绕着目的去开展工作。把握流程本质的关键点在于分析并找出流程对幼儿园、幼儿、家长的价值。

一、流程制定的原则

作为基础教育机构，幼儿园管理者每天首先面对的是幼儿，其次面对的就是教师。为此，幼儿园流程的制定，要以"幼儿健康成长、教师专业发展"为本，根据幼儿及教师的实际特点，制定适于本园情况的各种流程。

（一）孩子的事永远第一

"孩子的事永远第一"，并不是指幼儿园的一切事情都要顺从于幼儿，迁就于幼儿，以幼儿的需要为主体，以幼儿的意愿为转移，而是指任何工作都要"以幼儿为本"，要树立"热爱幼儿，尊重幼儿"的教育理念，通过不同的活动，促进每个幼儿生动、活泼、主动地发展，全面健康地成长。

这样的要求不单单要贯彻进教师的思想中，更要落实到一日工作中，做到无论是教学活动还是游戏活动，无论是卫生保健还是习惯养成，甚至是一日活动中的细微环节，一切都应"以促进幼儿的发展"为前提，只有这样才能真正符合促进幼儿健康成长的标准。

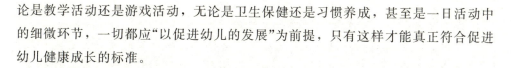

案例9　热闹的操场

上午 10：00，根据幼儿园作息流程的安排，张老师带领小班的孩子们兴高采烈地冲出活动室组织户外活动。

今天，张老师要教给大家一个新游戏，游戏的名字叫作"小孩小孩真爱玩"。这个游戏需要所有的孩子听到教师的口令后，能按照口令摸到相应的物品并跑回来。可是操场上的小朋友太多了，有的在踢球，有的在跳绳，还有的小朋友在骑三轮车，熙熙攘攘的，好像热闹的集市，根本没有一块场地能够让孩子们自由奔跑。张老师只好临时改变了活动的策略，带着孩子们沿着操场外围走起了圈。看到自己喜欢的游戏被取消了，孩子们的心情很不好。

下午备课教研的时间，张老师把自己和孩子们上午的遭遇向其他同事讲述了一遍。其他教师也深有同感，他们纷纷说：幼儿园的院子虽然比较大，可是全园孩子的总数更多，统一时间进行户外活动是不太现实的；由于人均面积有限，不但很多体育游戏无法开展，更易造成幼儿在运动过程中发生碰撞，发生伤害性事故；长久下去，不但不利于幼儿身体得到充分的锻炼，更存在着其他的隐患。

为此，张老师和其他教师共同讨论，提出大、中、小班户外活动错时的建议并上报给保教室，保教主任和教学园长进行沟通后，对幼儿园作息流程进行了调整。（见表1-3）

表1-3　幼儿作息流程表对比

调整前作息流程（全园幼儿一致）	调整后作息流程（小班作息流程）
7：30—8：40 入园、早餐、区域活动	7：30—8：50 入园、早餐、区域活动
8：40—8：50 做操	8：50—9：00 做操
8：50—9：20 集体教学1	9：00—9：15 集体教学
9：20—9：30 喝水、如厕	9：15—9：30 喝水、如厕
9：30—10：00 集体教学2	9：30—10：10 户外活动
10：00—10：50 户外活动	10：10—10：40 区域活动

通过上述对比，大家可以发现以下几点。

第一，入园时间相对统一。在表格中，全体幼儿的入园时间并没有进行改变，依然是从 7：30 开始幼儿可以进园。入园后，会有相应的吃早餐、区域活动的任务。这样的安排有利于形成幼儿固定的生物钟，有利于他们良好秩序感的培养。

第二，集体教学错时分配。有经验的教师都知道，幼儿园中、大班每人上午有两个集体教学活动，而小班有一个集体教学活动。中、大班的集体教学活动的时间较长，为 25～30 分钟，小班的集体教学活动时间较短，约 15 分钟。很明显，如果在这一活动过程中，大家都适用于统一的时间安排，肯定是不合适的。为此，应该将不同班级的集体教学时间安排错开，这样更符合幼儿的年龄特点，更有利于幼儿的发展。

第三，户外活动定时保障。在表 1-3 中，大家可以发现，改动最大的就是小班幼儿的户外活动时间，被安排在中、大班第二节集体教学活动的时间段。这样的安排，一方面，使小班幼儿活动间的衔接紧凑；另一方面，也更加充分地利用了操场上的空当时间，便于小班教师带领幼儿开展各种体育游戏，不但避免了身体弱小的小班幼儿与中班、大班哥哥姐姐争夺游戏场地所产生的尴尬情景，更有利于小班幼儿的身体得到更加充分的锻炼。

第四，生活活动合理调整。由于小班幼儿受注意力时间较短、动作较慢、生活自理能力较弱等特点的制约，在表 1-3 中，大家可以看到，小班幼儿的早餐、喝水、如厕等时间安排得相对较长，集体教学活动时间安排得相对较短，而且还增加了很长时间的区域活动时间。这样，教师能够有更充裕的时间去指导、帮助每一个幼儿，尤其是区域活动中的观察，教师能够做到更加细致，有问题能及时解决。这既照顾了全体，又关注了个别，对小班幼儿的学习是更有益的。

通过对以上案例的呈现与分析，大家不难发现，调整后的作息流程显然对优化幼儿的一日活动产生了良性的促进作用。通过这样的改变，保证了每个班级的户外活动时间，另外也给了教师更多的班级管理自主权，更有利于幼儿的全面发展。

（二）教师的专业发展尤为重要

幼儿园管理是幼儿园管理人员和有关教育行政人员遵循一定的教育方针和保教工作的客观规律，采用科学的工作方式和管理手段，将人、财、物等各因素合理组织起来，调动各方面的积极性，优质高效地实现国家所规定的培养目标和幼儿园工作任务。要想做好幼儿园的管理工作，提高幼儿园的教育和服务质量，有效地实现幼儿园工作的目标，必须抓住的根本就是做好现代管理的核心和动力——人以及人的积极性的工作。这就要求在幼儿园的管理工作中要树立"以人为本"的管理理念，突出教师的主体地位，实现以教师专业发展为中心的管理。

教师专业发展是指教师作为专业人员，在专业思想、专业知识、专业能力等方面不断发展和完善的过程，也是新手教师到专家型教师的发展过程。在教师专业发展的进程中，幼儿园的流程管理起到了非常重要的作用。

1. 构建园本培训流程，完善学习机制

师者，是教育学生的先行者。自身的学识能力水平、思想观念意识和教育教学理念都决定了教师的胸怀和眼光，决定了教师的思维定势和教育方法，也从中影响了幼儿的思维习惯和行为作风。因此，教师必须得抱定终身学习的观念。而培训是教师学习的重要途径，同时也是幼儿园需要开展的一项全局性、战略性系统工程。

针对教师的培训，在幼儿园可以分为职前培训和职后培训。职前培训的内容在后面"新教师快速入职"的章节中会进行详细的论述，这里不再阐明。而职后培训也包括很多，按照培训方式来说，包括园本培训、外出培训等；按照培训内容来说，包括师德培训、技能培训；按照培训人员来说，包括全园培训、小组培训、骨干教师培训等。其中，在幼儿园工作中，开展最多的，也是最容易实施的就是园本培训。

园本培训是指幼儿园从自身情况考虑，立足于本园工作实际，以实际工作中出现的问题为切入点，以教师现有专业水平和专业发展需求为基础，发挥幼儿园内资深教师、"专长"教师的"专家"带头作用，充分利用幼儿园、家长、社会等可以利用的各种人力、物力资源，建立一种教师本位、问题本位及资源本位的多元化的培训方式。

一般来说，"园本"主要有三个特点：一是为了幼儿园；二是在幼儿园中；三是基于幼儿园。园本培训作为教师职后培训的重要组织部分，突出了幼儿园自行策划、组织、考核的培训特点，具有较强的自主性和灵活性，其核心是培训的自主化和个性化。

通常情况下，幼儿园所采用的"园本培训工作流程"（见图1-1）的第一个环节是"成立培训小组"。那是因为幼儿园管理是全方位的，包括教学工作管理，如保教工作、家长工作、教科研工作、开放活动等；后勤工作管理，如财务室、医务室、值班室、办公室、党办室、库房、伙房等。幼儿园的园本培训也会涉及幼儿园实际工作中存在的各种问题，在培训过程中会涉及各个部门。所以，根据这些特点，幼儿园应该成立不同的培训小组，如"教学培训小组""家长工作培训小组""安全工作培训小组"等。这样可以有针对性地发现幼儿园在某块工作中存在的问题，从而达成"培训为解决问题而组织"的目的。

当成立了培训小组后，培训小组的成员就要根据自己所负责的工作，对幼儿园现存的问题进行调查与搜集，以便找出最急需解决的、重要的问题，为确定培训主题做好准备。

当培训主题确定好以后，培训小组成员还要找出幼儿园内部适合开展培训的教师，并确定参与培训的人员，制定培训方案。培训方案要征求培训小组成员的意见，大家达成统一意见后，就可以根据培训方案组织培训活动。

培训效果的评估与其他培训流程中提到的评估方法大致相同。一是要向参与培训的教师进行调查，了解他们受训后的体会；二是在工作中进行检验，了解通过培训解决了哪些问题，有何提升，还有哪些问题存在，是否需要进行更进一步的培训等。

2. 明晰考核流程，促进全面发展

为了准确评价教师的工作，为教师评优、晋职提供科学有效的数据，幼儿园每学期都会对全园教师进行考核。为确保考核工作能够做到科学、公平、公正，成为不断激励教师进步的重要手段，目前很多幼儿园已经将原来的"静态评价"转变为"动态评价"，将评价指标"由管理者制定"转变为"和教师一起探讨"，力求使评价结果更趋全面、客观、公正、科学与规范。

一般情况下，幼儿园的"考核工作实施流程"（见图1-3），具体做法如下。

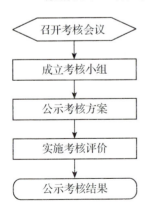

图 1-3 考核工作实施流程

第一，为了帮助全园教师树立正确的考核思想，明确考核目的，幼儿园管理者会面向全园召开考核会议，帮助教师树立正确的评价观，认识到考核自己的工作是为了今后工作能力的提高，是为了确立自己在幼儿园群体中的形象与价值。

第二，管理者会根据幼儿园各个部门的不同，设立不同的考核小组，如"中层领导考核小组""班级教师考核小组""行政人员考核小组""伙房人员考核小组"等。每个考核小组会根据被考核人员的工作特点和性质，制订相应的考核方案，细化其中的考核内容和标准。

第三，当考核方案确定下来以后，应该将其面向全园进行公示，并通过召开各部门会的方式，听取被考核人提出的意见和建议，并在此基础上进行修改和完善，使考核方案尽量体现公平、公正、科学、合理。

第四，当考核方案被完善以后，幼儿园管理者会在工作中根据里面规定的内容对教师进行相应的检查与评估。具体的检查人员，一方面来自于考核小组成员，另一方面来自于被考核人员的代表。比如，班长、教研组长既是教学考核小组成员，肩上担当着检查、评估其他教师的责任；同时，他们又是被考核人员，同样会被考核小组参照考核方案进行考核。

第五，到了学期末，考核小组会对本部门所有人员的考核成绩进行汇总，并将所有教师的考核成绩进行公示。这样做，一方面，是让教师通过与他人对比，找到自身工作中存在的差距，以便在今后的工作中进行提高；另一方面，也是让教师通过查询，梳理自己一个学期的工作情况。在梳理的过程中，教师如果发现考核过程中疏漏的内容，应向考核小组成员反映，做到查漏补缺，让考核真正成为评价教师工作的科学依据。

另外，在教师考核工作中，幼儿园一是要做到信任教师，及时评价，对教师的日常工作进行随时检查、即时评价，用全新的管理观念指导工作，真诚对待员工，才能更好地展示群体的魅力；二是要采取过程评价和终结评价相结合的方法，即不仅要看到终点的教学成绩，更要看到起点的高低，使评价更全面、准确。

总而言之，"工作并快乐着"是幼儿园教师管理工作中应该追求的目标，幼儿园一定要从情感入手，坚持"以人为本"的原则，充分发挥教师的主体性，让其真正成为幼儿园的主人翁，用他们的创新热情，为幼儿园的发展谱写新的篇章。

二、流程的制定与梳理

幼儿园要想运用流程进行管理，最重要的工作就是要建立一套符合本园特点、易于被教师理解与操作的流程体系。由于对于幼儿园来说，制定流程是一个创新的工作与体验。所以，幼儿园可以借鉴一些企业流程制定的方法与步骤，让自己站在他人肩膀上，才可以看得更远。

以下为大家介绍的流程制定及梳理方法就参考了陈立云、金国华编著的《跟我们做流程管理》一书，如读者有需要也可以通过阅读原著，来丰富相关内容。

（一）流程的制定方法

首先，将所有部门、岗位的工作资料都收集起来，其中包括岗位设置情况、岗位职责和岗位实际工作情况等，然后再与部门及所在岗位的工作人员一起进行核对，了解其工作任务和内容。比如，幼儿园门卫的工作主要是：幼儿园门口的出入安全（包括人员的管理、人员出入、车辆出入），幼儿的接送，物品的出入和门口的卫生等。

其次，在全面了解不同部门、岗位的具体工作实际情况后，从中甄选出有难点和有问题的内容，与相关工作人员共同讨论、研究，并制定相应的流程。比如，针对门卫的工作内容，可以从中甄选出适合制定流程的内容有："接送卡申办流程""家长进园流程""出入人员接待流程""门卫人员上岗流程""物品收发流程"等。

再次，具体到某个流程，在制定的过程中不仅要考虑到教职工不同工作的特点，还要广泛征求大家的意见，坚持从群众中来到群众去的原则，引导全园教职工参与工作流程的制定。流程需要常用常新、不断完善。不同幼儿园间的相关流程具有可参考性、可借鉴性，但不具有唯一性。幼儿园流程的产生，应是流程在园实践的具体呈现，而不是本行业标准化程序的简单复制。

最后，为了让工作流程的制定更加科学、规范，具有针对性，大家在制定的过程中需要解决以下五个问题。

一是流程的目的分析。比如，这项工作的目的是什么，包括哪些内容，这些环节是否真的有必要，还应该包括哪些内容等。通过分析、制定者可以消除工作中不必要的环节。

二是流程的地点分析。比如，这项活动在什么地方做，为什么要在该处做，在哪里做最合适等，通过分析、制定者可以将一些相关的工作活动进行合并。

三是流程的顺序分析。比如，这项工作什么时候做，为什么要在这个时候做，可否在其他时间做，哪个时间最合适等。通过分析，制定者可使工作活动的顺序更为合理有效。

四是流程的人员分析。比如，这项工作由谁来做，为什么要由此人来做，可否用其他人来做，谁做最合适等。制定者由此来分析人员匹配的合理性。

五是流程的方法分析。比如，这项工作现在怎么做，为什么要这样做，可否用其他的方法来做，哪个方法最合适等。其目的在于简化操作。

通过上述五个方面的分析，制定者可以消除工作过程中多余的工作环节、合并同类活动，使工作流程更为经济、合理和简便，从而提高工作效率。

（二）流程的梳理方法

梳理流程主要包括以下几个方面的内容：一是要梳理出幼儿园的所有现有流

程；二是要厘清这些流程之间的逻辑关系与接口；三是要对所有的流程进行分类；四是要对流程的重要度进行评估；五是要明确各流程的所有者。

由此大家可以看出，流程梳理不仅是一项比较专业的工作，更是一个工作量比较大、持续时间比较长的工作。如何实施呢？具体做法如下。

1. 成立"流程梳理小组"

要在幼儿园内部应设立一个流程梳理小组，其成员一般包括：幼儿园园长、各部门副园长、各处室主任、流程使用者（各块工作人员、班级骨干教师等）。流程梳理小组中成员所担负的责任见表1-4。

表1-4 流程梳理小组成员责任表

角色	建议成员	核心职责
组长	园长	提供政策与资源支持；参与关键性活动；对流程梳理中的关键问题进行决策
项目负责人	各部门副园长	任命流程负责人；组织成员完成工作；对流程梳理目标负责
流程负责人	各处室主任	组织本部门完成相应的流程梳理具体工作；参与本部门和幼儿园流程全景图的探讨
流程管理代表	流程使用者	参与幼儿园流程的讨论

2. 制订流程梳理计划

流程梳理小组成立以后，要在广泛征求小组成员意见的基础上，由办公室主任制订本园流程梳理的工作计划，并组织启动会，明确大家各自的任务和要求。（见表1-5）

表1-5 流程梳理工作计划表

内容	具体工作	完成时间	责任人
流程梳理启动	成立项目组、制订计划	1个月	办公室主任
	组织流程梳理启动会，明确要求，发放《流程梳理手册》		
部门流程梳理	组织与流程相关的培训	4个月	各部门负责人
	主任组织相关人员梳理本部门现有流程		
	组织交流会，筛选重复性流程，辨识缺失流程		
	汇总全园流程		

内容	具体工作	完成时间	责任人
流程评估、分级	组织评估会，根据流程重要度进行分级	2个月	流程梳理小组
任命流程所有者	任命流程的所有者，向全园公示所有流程		

在上表中提到的《流程梳理手册》，其具体包括以下内容：一是流程梳理的方法；二是流程梳理各阶段的工作要求及说明；三是各种表格的使用方法；四是幼儿园实际发生的一个流程案例。其主要是帮助教师了解流程梳理的工作内容、意义及操作方法，能让参与者更好地完成本项工作。

"流程梳理启动会"一般包括以下几个方面的内容：一是明确制定流程的重要性；二是介绍流程梳理的有关理念与方法介绍；三是明确流程中各角色及其职责；四是流程梳理的总体计划。在召开启动会之前，流程梳理小组要提前将通知发放给相关的人员，并准备好相应的学习素材和资料，以保证会议的顺利进行。

3. 部门流程梳理

部门流程梳理是指幼儿园各个部门根据自己的工作，整理现有的工作流程，并对同一工作的流程进行整合，对缺失的流程进行认证的过程。部门流程梳理是流程梳理工作的第一步，也是至关重要的一步，其工作质量的好坏会影响后续各环节工作的质量，所以要特别注意本阶段工作质量的把控，注意流程搜集的完整性和流程描述信息的质量性。（见表1-6）

表1-6 部门流程梳理表

岗位	职责	包含流程	所有者	具体流程走向
教科研室	负责全园教师的园本教研工作	园本教研实施工作流程	教研组长	制订教研计划→确认教研计划→制订教研预案→发布教研公告→组织教研活动→开展教研总结
	负责全园课题的申报结题工作	课题申报流程	教科研管理人员	管理人员接收文件，进行公示→填写课题申请评审书→教科研室审阅、修改→教学副园长审阅→园长审阅签字、盖公章→上报上级科研部门
	负责全园课题的结题工作	略	略	略

通过表1-6，大家可以看出此类表格的填写方法如下。

第一，把本部门岗位职责说明填在"岗位职责"一栏中，如有的部门没有岗位职责说明书，可以将自己岗位的实际工作填进去，本栏是所有工作流程的来源与出发点。

第二，根据本部门的"岗位职责"，提炼出工作中所涉及的流程，填入"包含流程"一栏中，凡是与本职责不一致的流程都要筛选出来，重新进行分类。

第三，描述出该流程的所有者，通过这样的梳理可以明确流程使用的责任人。

第四，"具体流程走向"是对所有流程的走向概况的描述，在表格中可以与其他流程进行对比。

4. 流程重要度评估和分级

无论是流程管理部门还是流程所有者的精力都是有限的，所以要提前对幼儿园的各个流程进行重要度评估，以免耽误大家的时间与精力。

那么，什么样的流程才是重要的呢？其核心标准就是看这个流程的实施是否达成了"增值"，即是否提高了工作效率或取得了工作效益。作为幼儿园，在工作效益方面，它应该包括那些与家长（涵盖幼儿）打交道的流程，如"幼儿招生流程""出入园流程""家长工作开展流程"等；另外还应该包括那些与教育教学质量提高相关的流程，如"园本教研流程""课题申报流程"等。

从工作效率方面来说，涉及部门越多、人员越多的流程，其重要度也越高，只有大家同时按照流程开展工作，才能让工作时间缩短，工作质量提高。在评估流程时，大家可以参照表1-7，对流程进行比较，以便找出那些重要度高的流程。

表1-7　流程重要度评估表

评估项	与幼儿、家长相关度（30分）	与幼儿园效益相关度（30分）	涉及部门及人员（40分）	总分	重要度等级（80分以上3颗星；60分以上2颗星；40分以上1颗星）

5. 任命流程所有者

流程所有者是对流程拥有或负责的人或部门。流程所有者的具体职责如下。

第一，负责流程的设计，保证流程方向正确、方法正确、规则清晰有效。其具体工作内容包括和相应的流程使用人讨论流程的制定方法，建立新流程，梳理、完善旧流程。

第二，负责流程推动实施，确保流程执行到位。具体内容包括自己所拥有流程的宣传、培训、流程反馈的梳理和修改。

第三，负责流程跨部门问题的处理。具体工作内容就是当自己所拥有的流程在实施过程中出现问题时，要根据流程的细则协调解决问题，避免出现障碍及发生矛盾。

第四，负责流程的持续优化。具体内容就是不断总结流程实施过程中出现的问题，找出流程中存在的不足，并进行持续改进。

在任命流程所有者的过程中，大家可以通过流程会议的形式讨论哪个部门适合担当流程所有者，以达成共识。幼儿园管理者不要强制推行流程，如果意愿中的所有者不愿承担责任，很容易导致整个流程管理的失败。

◇ 三、流程图的绘制与评价

（一）流程图的绘制方法

前面我们提到了很多有关流程的概念性的东西，而落实到操作层面上来说，所有的流程都会采用"流程图"的形式来呈现，什么是"流程图"呢？说白了就是"流程"＋"图"。正如前面我们所看到的"园本教研流程""门卫接待流程"那样，流程图的绘制其实很简单。

1. 用 word 绘制流程图

菲利普·克罗斯比曾经说过："生活中有条原则：如果一件事情我不能在 5 分钟之内解释清楚，我就不会去使用它。"为了更便于大家理解与操作，本节就简单介绍一下运用 word 来绘制流程图的方法。

首先，让我们先来弄清楚流程图中不同形状所代表的含义：代表开始，代表过程，代表决策，代表终止。以上是幼儿园工作流程中常用的图形，在流程绘制过程中可能还会遇到其他图形，其具体含义在 word 中自选图形中的流程图选项中都会有标识，大家可以自己去查询。

其次，在用电脑绘制流程图之前，大家最好先用笔将所需要绘制的流程在纸上画出草图，如果草图画好了，就会大大减少后期在电脑上绘图的时间。

2. 不同图形的绘制

在流程图中有很多不同的工作步骤和环节，我们会用上面所提到的不同图形进

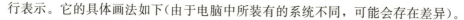

行表示。它的具体画法如下（由于电脑中所装有的系统不同，可能会存在差异）。

①打开 word 文档，点击"插入栏"，选择"图片"中的"自选图形"按钮，并在弹出的菜单中选择"流程图"，接着选择流程图中的"准备"图形。

②这时，在页面中标题的下方会出现一个"在此创建图形"的画布，推动鼠标，在画布的恰当位置画出"准备"图形。

③选中"准备"图形，单击鼠标右键，在弹出的菜单中选择"添加文字"，光标移到图形中，就可以输入自己需要的文字了。

④用同样的方法，绘制其他图形，并在其中输入相应的文字。如果觉得图形较小，可通过拖拉图形边框的 4 个点来控制其大小；同样，如果觉得"画布"的面积小，也可以通过拖拉画布的 4 个点来控制其大小，以便让所有的图形都能呈现在画布上。

3. 直线箭头的绘制

待所有图形画好后，我们需要在各个图形之间添加连接箭头。连接箭头可以让读者更准确、快速地把握流程的走向，具有非常重要的意义。

①点击"自选图形"中的"其他形状"，在弹出的列表中选择"直线箭头连接符"。

②接着在两个需要添加连接符的图形之间拖动鼠标。当鼠标移动到图形上时，图形边框会显示蓝色的连接点，将鼠标在两个图形的下方连接点和上方连接点之间拖动，就可以将两个图形连接在一起了。

4. 折线的绘制

在有些流程图中除了直线箭头的绘制以外，还会有运用折线来表示并列关系的情况，这时候就需要用到折线。折线的绘制方法与箭头的绘制大同小异，主要步骤如下。

①点击"自选图形"中的"其他形状"，在弹出的列表中选择"肘形连接符"或"肘形箭头连接符"（其中一个不会出现箭头，另一个会出现箭头）。

②用鼠标在两个需要添加连接符的图形之间拖动。同样，当鼠标移动到图形上时，图形边框会显示蓝色的连接点，将鼠标在其中一个图形的连接点上单击、拖向另一个图形，就可以自动将两个图形连接在一起。

（二）流程图的评价

工作中，大家可以接触到很多来自于不同部门、不同人员绘制的流程图。在所有已经绘制好的流程图中，什么样的才是高质量的流程图呢？好的流程图应该具有以下几个特点：一是流程图尽可能简洁明了，最好不要超过一页纸，这样更有利于读者进行全面预览，更便于理解；二是活动按照发生的逻辑先后顺序从上到下、从左到右排放，因为这样更符合大众的阅读习惯；三是流程的各环节节点要一致(流程图的各个环节最好以岗位划分，但是，对于那些不同时间同一岗位的活动要分开)；四是流程的各节点要适度，不能太大也不能太小，最好的方式是将流程梳理、细化到工作时不会频繁出现大问题即可；五是作为工作的验收标准，要求不仅内行能看清楚，外行也能看懂。

表1-8是我们总结出来的对流程图制作质量的评价标准，大家可以作为参考。

表1-8 流程图制作质量的评价标准

低质量的流程图	高质量的流程图
岗位对人的依赖高，人才流失让工作立马逊色；岗位知识"隐藏"在每个员工心中，仅能学到一些非常表面的知识，岗位所需要的其他知识需要不断求助其他岗位；工作方法"随心所欲"，效率低，质量不可靠	岗位对人依赖低，可以让新人迅速掌握岗位所需的各方面知识；好的工作经验得到提炼、固化和传播；工作表格化，效率高，质量有保障

第五节 不要为了流程而制定流程

很多幼儿园工作人员在刚做流程管理的时候，对所有看到的管理问题都能够与流程联系起来，尝试从流程的角度去寻找解决方案，就如那句名言所说的"当你手上拿着一把锤子时，看什么东西都是钉子"。然而，在实际工作中，并不是所有问题都能用流程管理来解决，它有自己擅长的领域。

举个例子来说，正常情况下，一个岗位可以完成的工作就不需要把流程梳理出来，也不需要把工作流程化。只要明确这个流程的目的，建立明确有效的目标，必要时对流程的关键点制定一些简单的规则就可以了。

一、明确流程是用来干什么的

众所周知，任何一个幼儿园中都会有制度，而制度是用来约束和规范员工行为的。在上面的问题中，我们也了解到流程是制度的补充，或者说是制度某些要求的细化和完善。制度往往规定幼儿园中的教师可以有什么样的行为，不可以有什么样的行为，规定哪些事情可以做、哪些事情不允许做。这些可以做的事情的具体步骤在制度里是体现不出来的。

为此，有些幼儿园为了提高本园的办事效率、统一教师们的做事方式，减少工作的不确定性、消除管理上可能存在的真空地带，往往就会进行流程设计和流程梳理，通过流程的不断优化，达到幼儿园整体效率提升的目的。

据此，大家可以看出流程只是对制度允许做的事情进行细化，对一系列可以做的事情的先后次序和参与岗位做出准确界定，而针对那些制度里规定的不能做的事情，流程是不会去涉及的。

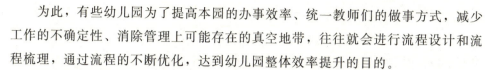 **案例 10　长期不来园幼儿的管理**

某园在梳理幼儿入园、出园流程的时候，班级教师提出这样一个现象：有些幼儿长期在家休息，不来园也不上交任何费用，这样不仅影响班级出勤率，也影响幼儿园保育费的收取。为了杜绝这个现象，幼儿园是不是应该在幼儿入园、出园的流程基础上再制定一个"请出流程"，以便班级对这部分幼儿进行管理。

针对教师提出的这个建议，流程管理小组拿出《幼儿园招生制度》和《幼儿在园缴费办法》，带领大家进行了深入的讨论。在讨论的过程中，大家一致认为针对这样的幼儿，不适于专门制定一套流程，可以在"幼儿出园流程"中的"流程说明"中加入一条要求：对于长期不来园的幼儿，一学期没有缴费时，班级教师负责向家长进行催缴，半月内缴清费用，如未按时上缴费用，按自动退园处理，办公室办理相关退园的手续。

如果幼儿园管理者对本园到底该制定哪些流程把握不准时，可以尝试以下的方法。

（一）设定调查问卷

内容包括：对幼儿园成文或不成文的流程进行汇总，请全体教师写出自己认为需要制定的流程和没有必要制定的流程。

（二）开展教师访谈

内容包括：对幼儿园不同部门、不同层次的教师进行访谈，请教师提出目前幼儿园的工作中存在的问题，其具体表现及原因分析、解决策略。

二、厘清流程和程序的关系

关于流程和程序，不同的人有不同的说法。有人认为，流程就是程序，这是错误的。其实，"流程"和"程序"是两个相互关联，但绝不等同的概念。"程序"可以体现出一项工作中的若干活动哪个在前、哪个在后，即先做什么、后做什么。而"流程"除了可以体现出先做什么、后做什么之外，还可以表示出每项具体任务由谁来做，即甲项工作由谁负责，乙项工作又由谁来负责。

如此一来，若干个作业项目或者若干个工作环节，以及它们的责任人和责任人之间的相互工作关系便一目了然地表示出来，而程序则无法做到这一点。

根据流程和程序的这些特点，在实践中可以将那些由两个以上的部门、不同人员参与的有顺序的活动称为流程，而将那些由同一个部门或同一个人完成的有顺序的活动称为程序。这样的分法也许并不是那么科学、规范，但是在使用过程中却很方便，也易于被所有员工理解，大家不妨也试一试。

图 1-4 和图 1-5，同样是幼儿在园一日活动中的环节，但是在班级户外活动的组织过程中，参与人员涉及职责不同的主班教师和配班教师，以及被指导的第三方——幼儿，因此，我们将其设置成流程。而对于盥洗这一环节，整个活动都是幼儿自己在完成，既没有其他部门，也没有其他人员的参与，所以，我们将这样的过程和顺序称为程序。

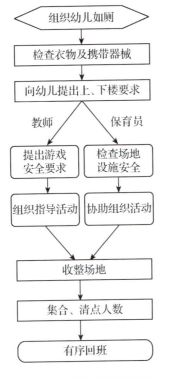

图 1-4　户外活动组织流程

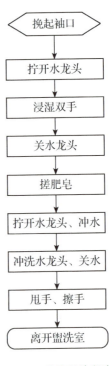

图 1-5　幼儿盥洗程序

以上只是列举了幼儿园不宜做成工作流程的一个小小的例子，在工作中还有很多这样的内容是不适宜做成流程的。通常情况下，那些具备可作为流程管理的工作应符合以下三个方面的原则。

第一，工作跨度越大越值得进行流程管理。一般情况下，部门内部的子流程没有必要强行规定做流程建立、流程检查与流程优化，只要明确需要实现的目标及管理原则就可以了。跨部门、跨岗位的流程最容易出现问题，所以这样的流程最需要进行管理。

第二，工作参与的人越多越值得进行流程管理。参与人员非常少的流程不宜流程化，管理好流程的结果及流程的关键控制点就可以了，这样可以给流程中的工作人员充分的自由，更有利于管理。

第三，工作发生的频率越高越值得流程管理。流程管理的价值体现在使用上，使用频率如果非常低，长时间都不能产生价值，那么也没有必要去浪费那个精力。

三、在流程制定和优化过程中要注意两个问题

（一）流程制定过程中必须倾听教师的意见

流程管理强调员工关系平等原则。让员工参与到幼儿园的管理中来，这是对员工最大的尊重。这种尊重不仅能充分点燃员工的工作激情，也会让幼儿园得到最大的实惠。

《特别关注》上有一篇题为《赢在最后十分钟》的文章，说的是2010年被《福布斯》评为中国十家最佳酒店之一的香港置地文华东方酒店的发家史。开业初的文华东方酒店生意很差，简直就是生意惨淡。在开业后的第一个正月十五时，酒店将行业例行的半小时燃放烟花活动延长了10分钟。就是这10分钟让更多的人记住了东方文华酒店，酒店生意日益红火起来，终于成就了今天的辉煌。总裁回顾酒店成功的原因时说道：这是员工的功劳，在无路可走时，他广泛征求员工意见。从员工中搜集起来的建议有上百条，他只不过从中选择了这一条——多放10分钟烟花。

运用搜集采纳员工合理化建议的方法来改善管理，中外皆然。以上这个故事也同样告诉我们这样一个道理：当我们遇到难题，陷入困境时，不妨倾听底层员工的意见。因为员工最清楚本岗位工作改善的突破口，他们才是流程持续改进的主体。

例如，某园在制定所有幼儿园工作流程的过程中，利用了两个方法来广泛搜集来自教学一线教师的建议：一是无论是制定的新流程还是修改的旧流程，都将

其打印稿发放给每个处室、班级，制定"流程征集提案栏"，搜集大家的意见和建议；二是在学期末，面向全园教师发放"流程工作调查表"（见案例11），对教师们的意见进行统计、分析，并对存在不足的流程进行修改和完善。实践证明，这两个方法都很有效。

案例 11　某园流程工作调查表示例

为了了解我园教职工对流程的认识，解决您今后在工作中遇到的烦恼和问题，针对我园现有流程存在的问题，特进行此项调查，请您按第一感觉如实填写4个选项中的一个，在选择的项目上打"√"，谢谢您的合作。

第一部分

1. 您的年龄

A. 25 岁以下　　B. 25～35 岁　　C. 35 岁以上

2. 您的教育程度

A. 中专或相当学历　　B. 专科　　C. 本科及以上

3. 您的工龄（教龄）

A. 5 年以下　　B. 5～10 年　　C. 10 年以上

4. 您所在岗位

A. 班级教师　　B. 专职教师　　C. 后勤人员　　D. 教学管理

E. 后勤管理

第二部分

1. 您认为流程是什么？

A. 一堆文件　　B. 工作的先后逻辑关系说明

C. 制度或者指导书之类的东西　　D. 指导跨职位或跨部门协作的工作文件

2. 您的工作需要和他人协调配合吗？

A. 没有，只有行政后勤才有　　B. 有，但我不知道是谁

C. 我既要与他人配合，他人也需要我的配合。

3. 您所负责的每一项工作都有哪些要求？

A. 我不清楚　　B. 领导没说清楚

C. 只是时间上有要求　　D. 除了时间还有质量等要求

4. 需要别人协助您的工作，却总是达不到您的要求时，您认为

A. 那人能力不行　　B. 那人工作态度有问题

C. 我不是他领导，没办法　　D. 没有清晰的工作流程和考核机制

5. 如需要别人协作的工作分派下去，总也完成不了，您会怎么做？

A. 天天去催他　　　　　　B. 我没有办法，只能等

C. 找他的领导投诉　　　　D. 看看在工作上怎么改进

6. 你认为现在我园流程现状怎么样？

A. 很健全　　B. 基本有一些流程，但有很多缺失

C. 有一部分流程，但每个人做法不同

D. 基本没有规范的流程，做到哪儿算哪儿

7. 您所在的部门流程执行情况怎么样？

A. 都是在按流程执行任务　　　B. 部分工作没有按照流程做

C. 按照流程根本没法做，流程制定得不合理

D. 怎么按流程做，没看到相关工作文件

8. 您清楚自己所在的岗位所涉及的流程吗？

A. 清楚，并且知道具体要求　　　B. 不是很清楚，领导没有具体安排过

C. 知道一部分，但具体涉及多少流程没有关注过

D. 看领导的安排了，还真不知道要涉及哪些流程

9. 涉及要与人协调的工作时，让你最痛苦的是

A. 不知道找谁　　　　　　B. 都说不是自己负责的

C. 找了 N 个人都没结果　　D. 死活都不承认这是他负责的或是他的责任

10. 做完一项工作以后，最让您痛苦的是

A. 接下来的工作结果移交给谁　　B. 这项工作的具体细化要求是什么

C. 领导或接收成果的人不满意，但还说不出理由

D. 不知道做得好还是不好

11. 一项由您负责的工作总是延期，其原因是

A. 协调相关的人员要花很多时间和精力

B. 没有明确的奖惩机制

C. 签字审核的人太多，等待时间太长

D. 掌控不了其他人员的工作进度和质量

12. 如果将工作进行优化，你希望

A. 搭建清晰合理的流程架构　　B. 建立健全完整的职责分工

C. 建立科学考核评价机制　　　D. 以上都是

13. 如果启动流程梳理，你是否认为应该？

A. 是，很紧急、很必要

B. 应该抽时间专门来讨论、梳理

C. 不要专门来做吧，遇到一个问题就讨论一个好了

D. 工作都忙死了哪里有时间来折腾这些事

14. 如果流程能解决以下哪个事项，你就会大力支持？

A. 减少我和他人沟通和协调的麻烦

B. 及时正确地给我想要的工作结果

C. 能划分出接口工作负责人

D. 减少扯皮推诿

15. 开展流程梳理前是否应该组织相应的培训指导？

A. 是，流程理念我不清楚　　　B. 可以听听学习了解一下

C. 无所谓，流程很简单　　　　D. 完全没有必要，流程还需要培训吗

16. 您对幼儿园一日生活和教育环节的流程有何看法？

A. 知道一些常用流程，即主要环节

B. 基本上了解，知道流程的各环节

C. 熟悉流程各环节的内容，清楚其中的标准与意义

17. 对于必须要遵守的制度和流程，您的态度是

A. 很被动去执行，没办法　　　B. 我觉得好的就愿意执行

C. 非常愿意执行，因为很方便

18. 据你观察，身边教师在执行制度和流程时的态度是

A. 积极主动　　　B. 很被动，都很不愿意　　　C. 我也不清楚

19. 您觉得制度和流程能执行下去的保障是什么？（可以多选）

A. 领导带头　　　B. 保证工作效率

C. 不断宣传　　　D. 加强监督　　　E. 对象奖惩

20. 请在如下你常用必要的流程或程度上画"√"，不必要、可以去掉的画"×"。

(1)教学管理流程

班级安全隐患排查报告流程（　　　）　　　班级搬家流程（　　　）

班级物品申请流程（　　　）　　　班级用车流程（　　　）

生病幼儿护理流程（　　　）　　　室内空气消毒流程（　　　）

课题申报流程（　　　）　　　课题鉴定流程（　　　）

课题结题流程（　　　）　　　多功能厅使用流程（　　　）

班级物品申报维修流程（　　　）　　　教学会议组织流程（　　　）

传染病排查报告流程（　　　）　　　教学人员请、销假流程（　　　）

（2）班级常规管理流程

班级教师接药、喂药流程（　　）　　　教师户外活动组织流程（　　　）

教师交接班流程（　　）幼儿盥洗程序（　　　）

幼儿喝水程序（　　　）幼儿进餐程序（　　　）

幼儿如厕程序（　　　）

21. 你觉得执行制度和流程，最关键的因素是什么？

22. 你对我园现行的制度和流程有什么建议和意见？

23. 你认为还需要建立哪些必要的流程？（应急流程、教学流程、后勤流程等。）

24. 我园现有应急流程有哪些？存在什么问题？

（二）流程的制定要打破"部门墙"

流程管理鼻祖迈克尔·哈默教授说："产生价值的是流程而不是部门。"但是在很多幼儿园里，由于管理者认为本园的各个部门分工很明确，职责很清楚，就让每个部门自行设计、自行优化所属流程，而没有进行相互沟通与讨论，流程间也没有进行互相衔接。这样形成的流程管理体系各自为政，是没有办法在工作中实行的。

为此，大家无论在制定流程，还是在优化流程的过程中，必须要打通"部门墙"，以提高办事效率为手段，以各岗位充分尽责为基点，全面提高幼儿园整体竞争力。

不妨运用下面的步骤，在全园统筹下开展流程制定与优化工作：成立流程管理领导小组→选拔各个部门流程管理设计师→梳理幼儿园各部门的现行流程→分析现行流程的利弊→设计打算改进的流程图→组织该流程所涉及的所有员工代表进行讨论→流程涉及的管理设计师集中讨论→提交流程管理领导小组讨论→通过的优化流程颁布实施→未通过的流程继续优化完善，直至优化通过为止。

这样的方式，不但能够让所有人员参与到全园的流程设计中来，还可以在这个过程中，让所有参与人员了解全园的流程制定的由来、流程包含的内容以及应用过程中需要注意的事项，从而收到事半功倍的效果。

第二章　教学管理流程

教学管理是幼儿园管理的重要内容之一。它既是教师专业成长的起点，更是提高幼儿园教学效益的根本保障。为了全面推进幼儿园的素质教育，深化课程改革，幼儿园需要重新审视本园的教学管理体系，通过教学管理流程的落实，在每位教师心中建立各项共同的规范和要求；通过教学管理流程的不断优化，使教育教学常规进一步规范与增效，促进保教质量的提高。

第一节　系统化的教师培养

众所周知，流程不但为员工提供了工作的顺序，同时也提出了某项工作的具体要求与标准。将流程应用到幼儿园管理中，能够帮助幼儿园降低经验型教师离职带来的风险，使幼儿园工作不会由于某个人员的离开而中断或受到影响，从而起到未雨绸缪的作用。同时，其在年轻教师的培养、帮助新教师快速入职方面也具有非常重要的桥梁作用。

一、新教师的入职培养

如果说骨干教师代表着一所幼儿园今天的教育教学水平，那么，新教师则是幼儿园未来竞争力的看点。在一定意义上，新教师决定着幼儿园未来的发展高度。幼儿园要保持鲜活持久的生命力，作为管理者就必须思考如何积极培育新人，确保幼儿园发展的可持续性。

（一）教师招聘流程——为幼儿园选择合适的人

教师招聘就是通过各种途径和方式，采用各种技巧与方法，吸引应聘者，并从中选拔、录用与幼儿园空缺岗位相匹配的、具有相应知识背景、技术能力、个性特点以及其他胜任特征的候选人的动态过程。

这样的招聘工作表面上看是幼儿园选择应聘者的过程，实际上是幼儿园与应聘者之间双向选择和匹配的动态过程。幼儿园在选择应聘者的同时，求职者也在选择幼儿园，必须双方达成共识，才能促使应聘工作顺利完成。

1. 明确新教师由选拔而来

在工作中，大家经常会发现有些幼儿园很少面向社会招聘新教师，尤其是一些公办园，很多员工都是通过关系进入教师队伍的。这样的方式不仅无形中降低了踏入教师岗位人员的门槛，而且还不利于今后对教师队伍的培养。因此，对于隶属于教育机构的幼儿园管理者来说，所有人员都应该通过招聘的方式进行选拔。成功的、有效的招聘，不仅可以获得幼儿园所需要的人才，还可以帮助幼儿园树立形象，降低用人风险，更有利于幼儿园的长远发展。

幼儿园在准备新教师招聘时，首先，要根据园所的变化，确定需增加的人员数量及其层次；其次，要制订详细的人员招聘计划，内容包括招聘人数、招聘标准、招聘对象、招聘时间和招聘预算等。另外，幼儿园管理者还要考虑以下问题：一是招聘选用何种方式；二是招聘的员工何时到岗；三是空缺岗位的基本薪酬；四是如何帮助受聘人解决生活困难，如吃饭、住宿等。

在前面我们也提出过，招聘是应聘者和幼儿园的互动过程。所以，作为幼儿园代表的招聘人员，不仅会因他们的职业素养和行为方式影响应聘者对幼儿园的基本评价和判断，还会影响应聘者对幼儿园组织文化的兴趣和认同感，决定幼儿园应聘人员的数量与质量，从而影响到幼儿园的招聘质量。

因此，幼儿园管理者要慎重选择招聘人员。首先，必须要把握高于应聘职位的原则，确保每一层级的岗位都是由上一层的人员参与招聘的；其次，要选择德才兼备的人员，保证招聘人员具有诚实公正、热情的品性，具有良好的表达能力、观察能力、沟通能力和自我认知能力，拥有一定的专业知识和技能。

当招聘计划和招聘人员固定下来后，幼儿园就可以开展新教师的招聘工作了。

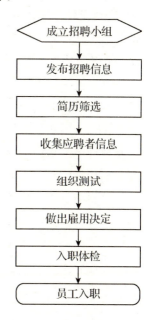

图 2-1 新教师招聘流程

2. 按照流程做好招聘工作

幼儿园的招聘工作主要包括以下几个方面的步骤，绘制成流程图。（见图 2-1）

(1)成立招聘小组

在招聘过程中，幼儿园要根据所应聘的岗位，将熟识这些工作的在职人员（最好是教研组长及以上领导）组成招聘小组，以确保招聘工作的统筹安排和协调。在招聘不同岗位的人员时，注意小组成员的构成也要随之变化，以保障招聘工作的公平与公正。

(2)发布招聘信息

在发布招聘信息时，幼儿园要综合考虑空缺岗位、广告价格、潜在应聘者所在区域等因素，选择适合自己的宣传渠道，如广告（报纸、电视、海报、传单等）、大中院校双选会、人才招聘会等，面向社会发布招聘信息。完整的招聘信息应包括以下几个方面的内容：幼儿园简介，所应聘岗位的名称、数量、工作职责说明、工作条件说明（园所的地理位置、班级教师人数、每周工作时间等）、任职条件、工作报酬及福利、申请应聘方法及其他相关的安排等。

(3)简历筛选

一般来说，简历是幼儿园第一次接触应聘者的介质，而简历筛选也是幼儿园对应聘者的第一次过滤。那么，如何从一大堆简历中筛选出幼儿园所需的人才，把好员工入口关，提高幼儿园招聘效率和教师素质呢？作为招聘小组成员来说，就必须从以下几个方面入手，尽可能地把不符合岗位要求的应聘者排除在外，避免将真正合适的人拒之门外。

一是要查看应聘者的教育背景、受教育程度、教育类型和所学科目。一方面要尽量选择那些具有幼儿教育专业的应聘者；另一方面也要查看应聘者的专业培训及各种考证培训情况，检查应聘者工作岗位与培训内容的相关性，尽量选择那些全面发展、有一定特长的应聘者。

二是要查看简历内容的真实度。据有关专家估计，在应聘者中大约有30%的人在自己的简历中"注水"。因此，招聘人员要特别观察简历的细节，尤其是那些已有工作经验的应聘者，要核查其简历描述是否符合逻辑性和工作上的连贯性，如应聘者总工作时间的长短、跳槽或转岗的频率、每项工作的具体时间长短、工作时间的衔接等，从中判断是否存在问题，找出矛盾所在。

三是审查应聘者的工作经历，并根据具体情况来判断其是否具有待聘职位的相关经验，是否可以更快地适应工作职位的要求。具体的查看内容如下：第一，查看应聘人员的工作变换频繁程度。如果变换工作较多，一方面说明其经历丰富，另一方面也说明其工作稳定性差。当然，我们不能排除其是有经验的，但是如果应聘者从事的每项工作相关性都不大，而且工作时间不长，这样的应聘者最好不用。第二，要分析目前应聘者是否在职，因为如果其正在从业中，就需要考虑其劳动关系的问题，也要考虑应聘者何时能到职的问题。第三，对应聘者整个工作经历轨迹进行把握，重点判断其是否比较深入、系统地从事过某项工作，从这里能够看出应聘者的工作持久性，以便对其后面的工作状态进行一个提前预测。

四是查看职业生涯进展。人们都说"过去是对未来的最好预测"。同理，一个过去工作踏实认真、积极向上、努力奋进的人，今后也很有可能保持进步的势头。为此，幼儿园应选择那些过去做出过一些成就的应聘者加入教师的群体。

（4）收集应聘者信息

幼儿园在发布招聘信息后，就会收到很多应聘者的求职简历。在应聘者递交求职简历的同时，幼儿园最好让其填写一份报名表（见表2-1），报名表一般包含以下信息：应聘者基本信息（姓名、性别、身体状况、联系方式等）、教育背景（毕业院校、专业及学历等）、个人履历、工作经历、技能特长、个人特性（兴趣、爱好等）、家庭状况、工资期望以及奖惩情况等。

表 2-1　某幼儿园应聘人员报名表

编号：　　　　　报名日期：

姓名		性别		民族		贴一寸彩色照片
政治面貌		出生年月		籍贯		
毕业院校		专业		学历		
求职意向		健康状况		期望收入		
是否有工作经验			原工作单位			
通信地址				联系电话		
主要学习及工作经历	何年何月至何年何月		在何学校或单位		任何职	
有何技能或特长						
外语及计算机水平						
何时何地受过何种奖励或处分						

续表

	姓名	与本人关系	年龄	职业	工作单位
主要家庭成员					
其他需要说明的情况					
备注	有关本人应聘报名表所填内容均真实，如有隐瞒及虚报，愿承担相应责任。 本人签名：				

通过应聘者的个人简历和报名表，幼儿园可以收集应聘者的一些个人信息，一方面为应聘者将来的入职提供一定的档案基础，另一方面也为人员的初步筛选提供参考。

（5）组织测试

待幼儿园掌握了充足的应聘者信息及简历后，应聘小组成员应安排适宜的时间，组织应聘者来园进行测试。

受聘测试一般包括两个方面的内容。笔试由知识测试和心理测试两部分组成。知识测试根据应聘岗位的不同，其内容会有所变化，但是主要内容包括普及性的百科知识、所从事岗位的业务知识和相关知识三个方面。比如，应聘岗位是幼儿教师，笔试内容就可以选择一些《幼儿教育学》《幼儿心理学》《幼儿园教育指导纲要（试行）》和《3—6岁儿童学习与发展指南》中的有关理念进行测试，同时也可以渗透一些科学、数学、语言方面的专业知识，以及幼儿突发性事件的处理方法等相关常识，以考察应聘者的知识广度及专业性；心理测试主要是考察应聘者的心理状况，其内容主要包括性格取向测试、智力测试、人格测试和职业兴趣测试。在心理测试中，应聘者积极的心态，乐观的生活态度，活泼开朗的性格是主要的选择条件。

测试中还有另外一个重要的方面，就是面试，这是目前很多幼儿园招聘时最常用的方法，也是最直观的一种方法。在面试的过程中，应聘者与招聘人员在特定的场景下，以面对面的观察、交谈、展示、表演等双向沟通为主要手段，让招聘人员了解应试者的价值观、角色意识、职业素养、情感智能、人格品质等基本素养，它能更好地展示应聘者的个人风采风貌，具有灵活性，也更具有综合性。

（6）做出雇用决定

幼儿园对应聘者的任职资格和对工作的胜任力进行测量和评价后，就应根据岗位的要求，挑选出最能与岗位匹配的候选人，并做出雇用决定。在做出决定前，幼儿园管理者一定要清楚自己挑选的并不是各个方面都表现得特别优秀的"完人"，而是要挑选与空缺岗位最匹配的合适的人。在做出决定时，幼儿园管理者要将候选人与评价标准进行比较，而不是在候选人之间进行比较排序。

大家还可以运用以下的方法来决定雇用的人选：一是定性的方法，就是由招聘小组成员对候选人的各方面能够胜任的特征进行描述，列举出其主要优点与不足，然后再将其与岗位要求进行比较，最后做出决定；二是定量的方法，就是对候选人的各种胜任特征进行量化评价，通过其分值高低决定是否雇用。

（7）入职体检

幼儿教师每天都与孩子们生活在一起，其自身的健康状况与幼儿的身体健康密切相关。根据 2010 年卫生部、教育部发布的《托儿所幼儿园卫生保健管理办法》中的规定，凡是在幼儿园的从业教师，必须到专门的医院进行体检，只有体检达标才能上岗就业。因此，所有被聘用的人员必须要进行体检，只有通过体检，才具有受聘的资格。

（8）员工入职

根据《劳动法》的规定，当一切录用的准备工作都结束后，幼儿园要与符合要求的应聘者签订劳动合同，并办理人事档案的转移，完成招聘教师的正式入职工作。

通过"新教师入职流程"（见图 2-2），大家可以比较清楚地看到新教师入职的各个环节。在这些工作之前，幼儿园管理者必须提前与被聘用人员进行沟通，告知其报到时间，是否需要单位提供食宿，还有哪些生活要求等，并提前在幼儿园做好接待准备，以迎接新教师的到来。

新教师到园后，要按时上交自己的体检表，由幼儿园保健医生进行审核，只有健康的人员才能受聘。

这些受聘的人员要将自己的人事档案转移到幼儿园指定的管理机构，将新教师的信

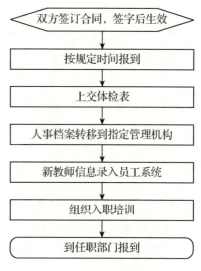

图 2-2　新教师入职流程

息录入本园的员工系统，财会部门为新教师办理工资卡，告知其每月领取工资的时间，并为这些新教师办理其他的有关福利、保险等手续。

新教师要由教学管理部门统一安排，进入不同的部门或班级熟悉各自需要承担的工作。自此，新教师的入职工作就告一段落了。

(二)新教师培训流程——让新教师学会做事

为帮助新教师更好地适应幼儿园的组织、工作部门及工作职位的需要，努力解答新教师的问题，让他们能最大限度地为幼儿园做出贡献，同时也达到自身价值的满足，幼儿园一般都会在新教师入职前组织统一的培训，这也就是大家通常所说的新教师入职培训。其具体的工作流程如下。(见图 2-3)

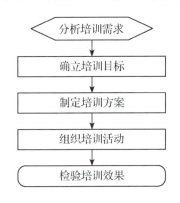

图 2-3 新教师入职培训流程

1. 分析培训需求

开展培训活动的第一步就是要确定进行什么培训，通过培训能解决哪些问题。所以，在确定培训项目之前，幼儿园管理者一定要弄清楚"这项培训到底有没有必要""通过培训教师能获得哪些发展"等问题。新教师的入职培训所解决的问题重点体现在以下 4 个方面。

(1)帮助新教师提高其专业能力

现今幼儿园聘任的教师大多是幼儿教育专业毕业的，虽然他们在学校里曾经受过相应的专业培训，但是与幼儿园那些合格型、胜任型教师相比，在业务上仍有很大差距。尤其是现在的很多幼儿教师的教育部门，为了让学生早点毕业，增大学生的流量，而降低了教学质量，其大、中院校的身份又与幼儿园距离太远，使新教师对幼儿园阶段的很多新鲜事物，如"多元理论""主题课程""做中学""环境创设"等概念都一无所知，致使其在入职后一头雾水，不能很好地适应所从事的工作。

(2)为新教师树立自信

新教师刚刚参加工作，对所有工作的具体情况都摸不着头绪，这会让他们遇到具体事务时无所适从，从而让其自信心大大受挫，影响其成长的步伐和进程。

(3)减轻新教师所面对的人际关系压力

在工作中，我们发现很多新教师在刚刚入职时，都会存在人际关系不适应的压力。具体表现是不敢主动与别人交流，不太能融入教师集体。这样的状态，久而久之，就会让其在人际交往方面变得十分被动。另外，新教师在与家长进行交流时也存在一定问题，如缺乏自信、和家长交流欠主动、容易让家长产生不信任感等。这样循环下去，就会让新教师变得越来越消极，不但不利于新教师的成长，也不利于幼儿园整体形象的打造。

(4)缩短新教师所学理论知识与教学实践间的差距

有经验的教师都知道，要想做一名合格的幼儿教师，不单单要有一定的专业能力，还要有相应的组织能力、与幼儿沟通的能力。要了解教师的角色，了解什么时候应当放手，什么时候适合干预，什么时候幼儿需要帮助，教师以什么方式进行介入，最终的效果是什么样的。这些都是幼儿教师需要掌握的基本技能，需要新教师自己进行学习体会。

2. 确立培训目标

分析好培训需求，明确了培训需要解决的几个重点问题之后，幼儿园管理者要根据所罗列的问题，提出培训目标。比如，一是通过培训，让新教师对幼儿园文化产生认同感，从而降低员工流失率，增强教师团队的稳定性；二是通过培训，让新教师能够更好地适应工作，胜任工作，以便减少错误、节省时间，从而提高幼儿园的总体工作效率；三是展现清晰的职位及组织对个人的期望，增强新教师对未来工作的积极性；四是让新教师感受到幼儿园对他们的重视和关心，为其今后的工作吃一颗"定心丸"。培训目标的设立，可以帮助培训者把握好培训的方向，避免走弯路，从而起到事半功倍的效果。

3. 制定培训方案

当明晰了需求，明确了目标之后，相关的管理者应根据其目标的制定，并结合本园的实际情况对培训内容进行设计，制定培训方案。（见案例1）

培训方案可以包含以下几个方面的内容：培训目标、培训内容、培训资源、培训对象、培训日期、培训方法、培训场所及设备、培训纪律等。

(1)培训目标

它是培训方案实施的导航灯，其应该做到清晰、明了。

(2)培训内容

新教师入职培训一般包括三个层次：一是知识培训，它是新教师入职培训的第一个层次，有利于新教师对幼儿知识、概念的理解，增强其对新环境的适应能力；二是技能培训，它是入职培训的第二个层次，能让新教师更好地了解幼儿园的情况，了解教师的工作；三是素质培训，这是入职培训的最高层次，主要是培养新教师正确的儿童观、教育观，让其拥有良好的思维习惯，为自己确定未来的成长目标，并树立职业信心。

（3）培训资源

培训资源又指培训指导人员，分为内部资源和外部资源。内部资源主要指本园中具备指导能力的领导或教师，外部资源是指从外面邀请来的专业培训者。相比之下，我们更推崇内部资源：一方面，内部教师对自己园所的一切更熟悉，讲解起来会更明了；另一方面，通过这样的方式，也会让新教师和培训者都在培训过程中有收获。

（4）培训日期

培训日期最好安排在幼儿园录用新教师程序履行完毕后，新教师正式加盟本园时进行。这时候，新教师需要通过培训熟悉幼儿园的工作程序和行为准则，不失时机地安排培训是最恰当的。

（5）培训方法

培训方法的新异是培训效果的催化剂。幼儿园通常采用的方法有讲授法、演示法、案例法、讨论法、试听法、角色扮演法等，各种方法都有其不同的特点，幼儿园可根据自己的情况选择使用。

（6）培训场所及设备

培训场所一般有两个：在讲授专业知识时，课堂可选择在会议室；在介绍业务技能时，可选择在工作现场，如班级活动室、寝室等。新教师入职培训的设备包括《幼儿教师入职手册》、笔记本、笔、投影仪、电脑、操作所需要的各种材料等。

（7）培训纪律

纪律是搞好培训的保证。在设计新教师入职培训方案时，应该制定相应的培训纪律，并在培训开始前进行宣读、提示，以保证培训的顺利进行。

📗 案例1　某园新教师入职培训方案

一、指导思想

为新员工提供一个融入新集体的途径以及展示自己、让别人了解自己的舞台；为园领导提供一个能在最短的时间内深入了解新员工的途径；创设好玩有趣、形式多样、参与性强的培训方法，让培训变得轻松愉悦，最大化的提高培训实效。

二、培训目标

通过多种培训方式，让新员工在轻松愉悦的氛围中进行高效的学习；促使新教师尽快熟悉园所文化，产生初步的集体认同感；促进新教师的相互了解，增强园所集体的凝聚力；提高新教师的师德修养和业务素质，使其迅速成长为合格的幼儿教师。

三、培训方式

游戏法、讲授法、研讨法、传递法、团队建设法

四、培训内容

园所制度介绍、幼儿园一日工作流程、各种安全制度及安全案例、幼儿常见疾病的处理及急救、人际关系的建立、家长工作的开展、幼儿教师礼仪的培养、新员工入职培训的考核验收。

五、培训时间

1月20日至24日

每天8：30—11：30，13：30—16：30

六、培训具体安排

（一）交朋友

培训目的：让新教师之间相互交流，迅速熟悉。

培训形式：游戏法。

具体内容："破冰"游戏、"串名字"游戏。

时间：1月20日上午。

讲师：×××

（二）研安全

培训目的：通过案例分析、小组研讨，让新教师熟知幼儿园的各项安全工作，树立安全意识。

培训形式：研讨法。

具体内容：幼儿园的各种安全制度及安全案例。

时间：1月20日下午。

讲师：×××

（三）知护理

培训目的：通过专题讲座、实际操作、现场点评的方式，让新教师掌握幼儿保健护理方面的知识和技能。

培训形式：讲授法、操作练习。

具体内容：幼儿常见疾病的处理及急救、幼儿卫生保健工作。

时间：1月20日下午。

讲师：×××

（四）知流程

培训目的：通过专题讲座、实际操作，让新教师熟知幼儿园一日工作流程。

培训形式：讲授法、观摩法、实操法。

具体内容：幼儿园一日工作流程。

时间：1月21日全天，1月22日上午。

讲师：×××

（五）懂礼仪

培训目的：通过专题讲座、实际演习，让新教师熟知幼儿教师的礼仪规范。

培训形式：讲授法、观摩法、实操法。

具体内容：幼儿教师礼仪。

时间：1月22日下午。

讲师：×××

（六）学制度

培训目的：让新员工了解园所文化和制度；懂得相关的法律，为成为优秀教师打基础。

培训形式：培训法、研谈法。

具体内容：幼儿园规章制度及相关法律介绍；如何成为一名优秀的幼儿教师？

时间：1月23日上午。

讲师：×××

（七）懂家长

培训目的：通过专家讲座、小组分析、行为示范，让新教师了解做好家长工作的方法，掌握家长工作的原则及与家长沟通的小技巧。

培训形式：传递法。

具体内容：幼儿园家长工作。

时间：1月23日下午。

讲师：×××

（八）知幼儿

培训目的：以3～6岁幼儿发展特点与《3—6岁儿童学习与发展指南》为主线，运用沙龙的形式，让新员工在轻松的氛围中了解幼儿，掌握一些与幼儿相处的原则和方法。

培训形式：培训法、团队建设法。

具体内容：幼儿发展特点。

时间：1月24日上午。

讲师：×××

（九）验成效

培训目的：通过书面和实际操作的考核，检验新员工的学习所得以及培训效果。

培训形式：考核法。

具体内容：试卷测评、实际操作考评。

时间：1月24日下午。

负责人：×××

4. 组织培训活动

培训方案确定好以后，幼儿园管理者要根据方案组织好培训活动。首先，要提前与相应的培训教师取得沟通，明确培训内容及要求；其次，要与和培训工作相关的人员，如电教人员、场所管理人员、库房人员取得联系，提前做好培训场地、设备及资料的准备工作，这些工作做好后，就可以开展培训了。在培训的过程中，管理者要对新教师提出参与培训的时间要求和纪律要求，做好培训签到工作，并做好培训教师的介绍及培训内容的点评，帮助新教师加深理解。

在新教师入职培训工作中，还有些幼儿园采取了一些创新的方法，希望能够给予大家参考。

一是请一线教师现身说法。一线教师的想法、成长历程、对教学的理解、对幼儿行为的反思等，这些内容都是他们实际工作的真实写照，非常具有可信度和指导性，对新教师更具有感染力和说服力。

二是教学案例的分析介绍。对于具体知识和技能的培训，幼儿园可以采取微格教学的模式进行互相评价，不断提升，也就是把新教师分成若干个小组，对同一个案例进行讨论和分析，再由每个小组派代表进行阐述，以提升所有参与人员的思想认识。

三是创建网络学习平台。现在的网络技术已经走进千家万户，渗透到各行各业、各个领域，具有随时随地都能浏览与更新的优势。幼儿园可以利用幼儿园网站和微信两个平台，为新教师提供培训学习的所有课件及相关资料，为他们提供随机学习的机会，巩固他们参与现场培训的效果。

5. 检验培训效果

培训效果如何决定培训的投入是否值得。科学的培训评估对幼儿园了解培训效果、界定培训的贡献、证明培训所做出的成绩非常重要。为此，幼儿园在培训结束后要采用调查、访谈的形式对被培训者进行培训效果调查，并采用笔试、操作的方法检验新教师的培训效果，在此基础上提出培训评估报告。

培训评估报告主要由三个部分组成：一是培训项目概况，包括项目投入、时间、参加人员及主要内容等；二是受训员工的培训结果，包括合格人数、不合格人数及不合格原因分析；三是培训项目的评估结果及处置，效果好的项目可保留，没有效果的项目应取消，对于有缺陷的项目要进行改进，对于某些部分不够有效的项目可进行重新设计和调整，对于某些领域欠缺的项目可以进行新增等。

培训评估报告提出后，要将其传递给以下人员：一是参与培训的新教师，让他们了解培训的效果，以便在工作中进一步学习和改进；二是培训人员，以便其对后面的培训工作进行改进。

二、在园教师的专业发展

随着社会的发展与进步，社会和家长对幼儿教师提出了更高的要求，激烈的市场竞争使幼儿教师面临着更大的挑战。在新时期要做一名高素质的幼儿教师不仅要具备爱心、责任心，其专业知识、教育理论和专业能力也是必不可少的组成要素。因此，作为幼儿园管理者，有责任也有义务帮助已经在幼儿园参加工作的教师树立终身学习的理念，做一个多才多艺、见多识广的优秀教师，提高他们的教育教学素养。

（一）师徒结对，明确方向

为帮助教师更好地在专业上取得成长与进步，幼儿园可以根据自己的实际情况，实行"层级带教"或"青蓝工作"，通过师徒结对的方式，让老教师的有益经验得到传承，让年轻教师的积极工作态度得到更多的辐射。

幼儿园带教工作的具体开展流程见图 2-4，通过本流程，大家可以比较清晰地看出幼儿园带教工作开展的几个步骤，在这里需要进行着重说明的是：

①"教师带教方案"由幼儿园"带教工作管理小组"出具。其内容包括指导思想等。

②"双向选择表"要遵循民主、自愿的原则，由带教教师与被带教教师双向进行选择。

③带教结对情况由教科研室针对"双向选择表"进行核对、微调，并做最后确定。

④带教层次在确定后，教师双方带教关系表示已经形成。

⑤带教要求包括每学期带教次数（不少于1次）、目标要求、内容要求等相关内容。

⑥带教工作包括思想、学习、工作等。

⑦带教记录包括学习心得、听课记录、交流会记录等。

⑧学期末，教科研室会根据带教人员带教工作的开展情况进行评价、奖励。

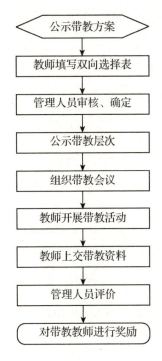

图 2-4　教师带教工作开展流程

（二）课例研究，专业引领

课例研究是由两个以上的教师组成一个小组，基于对有效教学理念的追求，以真实课堂教学为载体而进行的一种教学行动研究。它包含了两方面的含义：一是它是一种以教师为导向的教学循环，是发展教师教学专业水平的重要方式；二是它是由教师合作完成的，教师们分析课堂教学，相互进行启发，通过团体运作的方式改进教学。在课例研究过程中，教师不仅可以从"课例"本身获得技能，也可以从同事那里获得教益，从而提高全园教师的专业化素质。

通过课例研究的概念界定，大家可以清楚地认识到课例研究的主要内容就是解决教学中存在的问题，如教学的内容与目标、主体与角色、程序与细节、方法与手段、知识与能力等。幼儿园可以以备课组为单位，通过讨论或轮流负责梳理问题的方式，选定一个全组教师的共性问题作为课例研究的主题，编制课例研究计划。如果一次确定了多个值得研究的问题，则可以作为一个学期或

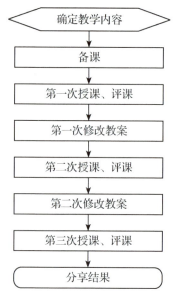

```
┌─────────────────────────┐
     确定教学内容
└─────────────────────────┘
            │
            ▼
┌─────────────────────────┐
│          备课            │
└─────────────────────────┘
            │
            ▼
┌─────────────────────────┐
│     第一次授课、评课      │
└─────────────────────────┘
            │
            ▼
┌─────────────────────────┐
│     第一次修改教案        │
└─────────────────────────┘
            │
            ▼
┌─────────────────────────┐
│     第二次授课、评课      │
└─────────────────────────┘
            │
            ▼
┌─────────────────────────┐
│     第二次修改教案        │
└─────────────────────────┘
            │
            ▼
┌─────────────────────────┐
│     第三次授课、评课      │
└─────────────────────────┘
            │
            ▼
(        分享结果          )
```

图 2-5　课例研究工作流程

三五个学期的研究主题。这个过程体现了"自上而下"原则，更有利于教师的积极参与和研讨。

课例研究的基本流程见图 2-5。本流程中，大家可以看到课例研究是一个将集体研究获得的规律性认识、解决问题的一般经验和解决问题的方法，结合教学实际有机地运用到自己的教学中，改进自己的教学行为，创造性地解决问题和发现解决问题的新办法的过程。

在实施的过程中，需要注意以下七个方面的工作。

1. 进行任务分工

围绕研究主题进行合理科学分工，要提前安排好观察、照相、摄像、记录等人员的工作。

2. 组织教师学习

要求每位教师根据课例主题搜集相关资料（注明出处），并拟定文稿，交流时人人发言，讲解对相关问题的理解和教学处理意见；通过集体讨论明确本节课的教学目标、教学方法和策略，综合大家的意见形成集体备课教案，由授课教师结合本班幼儿情况，对集体备教案进行修改、充实和完善，形成教学个案。（见表 2-2）

表 2-2　课例研究计划、记录表

主讲人		时间	
地点		参加人员	
课例名称			
现状分析	教材分析		
	幼儿分析		
教学目标			
重、难点			
活动准备			

续表

重点环节		分析（可以是认同、深入、创新方法及其原因）	
效果和反思			

3. 设计观察表

教学设计确定后，运用学习的理论和方法及要解决的问题，设计制定课例研究记录表，提出观察内容，使其具有针对性、可操作性，能为问题的解决服务。（见表 2-3）

表 2-3　课例研究观察表（听课记录表）

活动名称		时间	
执教教师		班级	
教学目标（重、难点）		评价	
引题导入		评价	
过程记录		评价（教学效果）	
评价总结及建议（教学优点与不足）			

4. 课堂教学

授课教师按教学设计方案实施教学（全程录像，分析提炼成文，即课堂实录），通过实践检验设计的解决问题的方法和策略是否有效。其他听课教师根据课前的分工进行课堂观察，作好数据和文字记录。这个过程与课堂教学是同步展开的。展示活动中，研究组的全体教师要参与观察记录和研究反思。幼儿园应尽量组织其他教师参与观察或观摩，以便推动全员参与学习、全员参与研究。

5. 课后评议

授课者根据研究目标进行课后反思，听课教师根据所承担的不同课堂教学观察点和观察任务，结合观察得到的定性和定量数据进行分析，开展评议，得出解决问题的策略，并各自撰写教学反思。反思要"基于问题展开"。课后评议试图回答四个问题：课堂是否按照教学设计推进？课堂教学是否达到了预期要解决问题的目标？存在的问题及解决办法分别是什么？从这一个特殊课例得到了什么样的一般规律？注意每次研讨都要形成一定的共识或总结出适宜大家在教学中运用的一般策略和规律。（课例研究活动记录可参见表 2-4）

表 2-4　课例研究活动记录表

时间		地点		组长	主讲人	记录人
应出席人数			缺席人员			
活动内容						
活动记录						

6. 二次设计(三次设计)

根据评议意见和反思结果调整教学设计，条件允许的可以更换教师、幼儿进行二次授课，与前一次过程进行全面对照，直至问题解决。

7. 形成意见，撰写研究报告

一是回顾前面的研究过程，形成备课组关于解决某类问题的一般操作经验。比如，借助课例研究获取了解决教学问题的哪些策略？教师在观念、心态、知识、方法、能力等方面有哪些收获？建立了什么样的制度？二是撰写研究报告。研究报告的内容包括：第一，对本课例研究主题相关内容的界定。例如，大班幼儿诗歌教学中指导策略的探索，可以界定为明确"幼儿诗歌"的定义；明确"幼儿园教育指导纲要关于幼儿诗歌教学的内容"；明确"幼儿诗歌的主要特点"；明确"大班幼儿的语言特点"；明确"指导策略的含义"等。第二，课例研究的主要步骤。比如，教学内容的选择、教学目标的制定；进行三次教学实践、三次讨论和分析等。第三，本课例研究的结论。第四，本课例研究的收获。第五，存在的问题与今后努力的方向。

第二节　规范化的一日常规

幼儿进入幼儿园接受教育，意味着他们正式的社会生活的开始。不论是在生理上还是心理上，幼儿都需要进行全方位的学习，而且这种学习是一种广泛的基础性学习。幼儿园一日活动涵盖了知识、技能、情感、态度等一系列幼儿所需要学习的内容。教师必须通过有计划、有目的地安排和组织，才能达成既定的教育目标。

为此针对教师在园的一日工作内容，我们可以设置出不同的工作流程或者程序，明确班级教师、保育员及幼儿在园一日活动的所有内容，并明确每个角色每日在园先做什么、后做什么，每项具体任务由谁来做；把每一项任务以及工作目标，尤其是责任人之间的相互关系描述清楚，以确保保教工作的高质量和高效率。

一、教师工作的组织

（一）晨间接待

俗话说："一年之计在于春，一日之计在于晨。"早晨是人一天中精力最旺盛的时期，也是记忆的高峰期。入园是幼儿一日生活中的第一个环节，虽然时间短暂，却承载着丰富的教育内容。教师在幼儿入园前开展的一系列晨间活动也是其一天工作的开始，晨间工作做得好与坏，不仅会影响幼儿在园的活动状态，也会对其今后的来园状况产生较大的影响。

总结起来，教师在晨间接待工作中的具体内容包括：室内通风、接待幼儿、进行晨检、组织区域活动、做好早餐准备等。其中，主、配班教师的晨间工作职责见表2-5。

表 2-5　主、配班教师晨间工作职责

环节	主班教师职责	保育员（配班教师）职责
晨间活动	①热情接待幼儿，与家长做好交接工作。 ②对幼儿进行晨检，发现异常情况及时处理。 ③组织值日生做值日劳动。整理室内环境；更换日历牌、晴雨表；自然角工作。 ④精神饱满，带领幼儿户外锻炼、观察等活动	①做好室内外清洁工作、室内空气和温度的调节。 ②主动向幼儿和家长打招呼。 ③指导值日生认真、细致、有序地完成值日工作。 ④及时将毛巾、缸子、筷子（勺）进行消毒（保证消毒时间）。 ⑤备好饮用水

因此，大家可以看出不同教师在晨间接待这一环节中，其承担的工作内容和职责还是有区分的。为使两位教师对自己的晨间工作更明确和清晰，幼儿园可以就根据自己的工作实际，制定"主班教师上岗程序"（见图2-6）、"主班教师晨间工作流程"（见图2-7）和"配班教师上岗程序"（见图2-8）、"配班教师晨间工作流程"（见图2-9）。在流程中，对主班教师和配班教师在晨间工作中的职责和工作内容进行划分。这样的细化，不仅让晨间工作变得更科学、合理，还避免了班级工作中互相推诿、扯皮现象的发生。

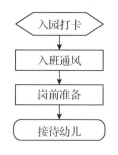

图 2-6　主班教师上岗程序

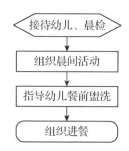

图 2-7　主班教师晨间工作流程

图 2-8　配班教师上岗程序

图 2-9　配班教师晨间工作流程

另外，在以上的程序或者流程中，大家可以看到，教师在晨间接待的工作中还要关注到以下四点问题。

①无论是主班教师还是配班教师都要保持良好的工作状态，主动、热情地迎接每一名幼儿，感染每一个幼儿开心快乐每一天。

②教师要做好晨检工作（一摸、二看、三问、四查），观察幼儿身体、情绪和精神面貌，查看幼儿是否携带不安全物品，如发现幼儿带危险物品入园，要及时与家长沟通，说清这些物品可能会对孩子造成的伤害，并请家长带回。

③要组织幼儿进行观察、劳动、值日、区域活动和餐前准备活动，并根据幼儿的活动情况进行个别指导。

④教师要在晨间对本班幼儿的出勤情况做好记录，并及时与未来园的幼儿家长打电话联系，了解原因。一方面体现教师对幼儿的关心，另一方面也可以了解幼儿是否感染了传染病，以便采取相应的预防措施。

（二）教育教学

幼儿园的教育教学活动由各种不同的类型组成，根据活动的性质可以分为集体教学活动、游戏（活动区）活动、户外体育活动、生活活动四大类型。根据课程形式，可以分为预设活动和生成活动。

预设活动主要是指由教师根据教育目标和幼儿的兴趣、学习需要以及已有经验，以多种形式有目的、有计划地设计的教育活动。强调在活动过程中，教师要进行有效的动态性调整，以引导幼儿生动、活泼、主动地学习。生成活动是指幼儿依据自己的兴趣、经验和需要，在与环境的交互作用中自主产生的活动，教师需要为幼儿创设良好的心理和物质环境，关注、引发幼儿的主动探索行为，满足幼儿自主活动、自发学习的需要。可以看出，预设活动和生成活动是完全不同的两种教育活动的组织形式，无论是预设活动还是生成活动都有着不同的教育价值，对于幼儿来说也具有其他活动所代替不了的、重要的作用。

因此，幼儿园应该设有关于预设活动和生成活动的不同组织流程（见图 2-10、图 2-11），通过流程的运用，让每个教师明确它们不同的组织方法，只有明确的具体操作步骤，才能让教师在工作中做到灵活运用。

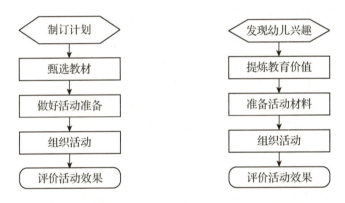

图 2-10　预设活动组织流程　　图 2-11　生成活动组织流程

在上面两个流程中，大家可以看到，其主要的区别在于：预设活动的来源是教师对本班幼儿学习特点和年龄特点的了解，生成活动的来源是幼儿的兴趣点及本兴趣点可能存在的教育价值。而在其后的具体组织过程中，教师要做的重点都是一致的，都要求教师为幼儿创设良好的心理和物质环境，引导幼儿生动、活泼、主动地参与活动，关注、引发幼儿的主动探索行为，满足幼儿全面发展的需要。

两个流程只是在开始的前期，对"活动从哪里来"给予了教师更加明确的要求，对于其后的活动组织要求是一样的。

第一，在集体教育活动前，教师要把活动过程中的各个环节考虑充分，并提前将所应用的各种教具准备到位，提高教学过程的实效性。一是幼儿的感知觉正处于逐渐完善期，对生动形象、色彩鲜艳、新奇的事物和现象容易认识；二是教师充实到位的活动前准备也能激发幼儿学习的兴趣，让幼儿在学习过程中更投入、更专注，让教师在教学过程中更得心应手。这些教具可以是图片、照片、实物，也可以是多媒体课件、录音等，具体选用的方法要看是否有利于教育目标的达成。以前笔者就曾经观摩过一节认识常见水果的科学活动课，也许是因为有人听课的缘故，在前一天，这位教师利用大量的时间，加班到深夜赶制了一个声形并茂的有关水果的动画，里面具体介绍了苹果、香蕉、西瓜等这些水果的外形特征、口味口感等一系列内容。可是在活动中，运用这个课件进行教学，虽然能够吸引幼儿的注意力，但是却剥夺了他们自由探索的机会，不利于其科学素养及对科学研究方法的掌握。所以，在这个教学活动中，笔者认为这个课件远不如把真实的水果提供给幼儿，让他们亲自去看一看、摸一摸、闻一闻、尝一尝更有效。为此，教师在选择教育手段的时候，一定要想一想这种手段的使用对目标的完成有哪些好处。如果对目标无益，那么即使教具再新颖、手段再丰富，其最终也无法取得很好的效果。

第二，教师选择的教学形式应该是灵活多样的，如情境创设、游戏表演、讨论交流、观察、操作、示范讲解等。优秀教育活动的评价标准应该真实、自然、简单。既能看见幼儿最真实的一面，也能看见幼儿真实的发展。每个环节都目标明确到位，幼儿能从中有所体验、有所感悟、有所积累。笔者曾经看过一位教师的诗歌教学活动。活动中，教师一会儿让幼儿看碟片，一会儿又让幼儿听磁带，还让幼儿表演诗歌，形式丰富多彩，幼儿也忙得不亦乐乎。但是一个教学活动下来，大多数幼儿都没能掌握诗歌。活动后，笔者和教师共同分析其中原因，主要还是教师没有对诗歌中的重点和难点进行深入分析，目标把握不准，帮助幼儿理解得不够。所以，尽管活动让人眼花缭乱，但教学并没有给幼儿留下深刻的印象。这样的教学也成为无效教学。

第三，评价活动效果也叫作课后反思（见表2-6），它是教师通过自我评价活动效果的方式来反思自己的教育教学策略，从而不断提升教学水平，提高教学质量的重要途径之一。

一般情况下，幼儿园管理者会引导教师从"教育理念、教材选择、目标设定、教学策略运用、幼儿出现问题和信息反馈"等方面进行反思，通过这些要求，帮助教师明确反思内容，让评价活动变得更有效。

表 2-6　某园一位教师的课后反思

活动名称	有趣的五官	授课领域	英语
授课教师	×××	授课班级	小班

一、从教学目标上分析

我的课的名称叫作"有趣的五官"，是一节全英文的英语课。它主要通过幼儿初步的视觉感知、生活的自行积累获得的经验，来进一步引导幼儿了解五官的各个名称和位置。它与日常生活充分结合，有一定的常识性、趣味性。

二、从学情上分析

幼儿不但学到了新的单词，增加了单词量，更重要的是它充分与实际生活相联系，丰富了自己已有的生活经验，并感受到知识就在我们身边，生活中随处是学问，从而增强了幼儿的求知欲。

三、从教学程序上看

首先，认识五官对于小班幼儿来讲，符合此年龄阶段的孩子的认知水平。其次，从授课程序上来看，从 greeting 到 warm up 再到授课的主要部分，对于新授内容我们分别进行了四个活动：flshing cards、touching game、point game 和最后的"贴五官"游戏。整体层次很清晰，由浅入深，过渡自然。但结尾部分过于仓促，可以添加一个练习内容，如 goodbye eyes 等。这样本次课将会更加完整、饱满。

四、从教学方法和手段上分析

它是完全根据本班幼儿的能力水平设计的一堂课。我们的热身游戏是一个小的律动，幼儿都比较熟悉。另外在课程中所安排的闪卡游戏、触摸游戏都是幼儿每堂课都会涉及的常见游戏，幼儿都很喜欢并完全有能力来完成它。此堂课安排的活动比较"传统化"，缺乏进一步的创新。

五、从教师的教学基本功上分析

教具方面准备得比较恰当、有趣，孩子们很喜欢。在教态方面有些紧张，有的环节还是没有把握好，基本能做到亲切生动。在语言方面，能够达到发音准确，另外对相对难发的音进行了分解演示，效果很好。在操作方面，卡片和黑板这两种道具出示得比较到位，能与所授内容相一致。

六、教学效果分析

幼儿整堂课的兴趣都很高，对所学内容充满了好奇心，能主动与教师进行互动。大部分幼儿能够很好地掌握所学的内容。

七、总结

通过自己的课后反思和领导们的现场评课，我要在今后的教学中注意以下几个地方：

①课程内容编排上要大胆创新。

②注意适时鼓励，增强幼儿的自信心。

③生动授课，丰富自己的教态，活跃课堂气氛。

④注意授课的完整性。

⑤关注所有幼儿，特别是能力差的幼儿。

(三)生活护理

众所周知，在幼儿园的具体任务中，教师要把保护儿童的生命与健康放在工作中的首要地位。幼儿体育的途径与方法中，也非常明确地提出"创设良好的生活条件，科学护理幼儿的生活"。可见，对幼儿的生活护理是幼儿园的教育任务之一，是幼儿全面发展的保证。在幼儿园，对幼儿的生活护理重点包括以下三个方面的内容。

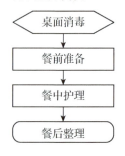

图 2-12 幼儿进餐护理流程

1. 进餐护理

进餐是幼儿园一日生活中很重要的环节，这也是幼儿健康的起点。为了保证这项活动的有序进行，提高幼儿的进餐质量，幼儿园需要制定必要的组织流程(见图 2-12)，并提出相应的常规要求。

(1)桌面消毒

进餐前，教师要使用专用抹布对桌面进行消毒，先用清水毛巾擦净餐桌，再用配制好的 250mg/L 的含氯消毒液擦拭，20 分钟后再用清水毛巾擦净桌面，去除残留的消毒液。

(2)餐前准备

幼儿在进餐前需要洗手，中大班幼儿还要完成值日生的工作，如摆放餐具、检查同伴洗手效果等。这一环节中，教师所要关注的护理环节是地面是否有水、幼儿的衣服是否弄湿等，并注意全面照顾、及时督导、仔细检查，以免造成滑倒事故或幼儿受凉感冒的发生；另外，教师还要合理组织餐前安静活动，有助于稳定幼儿情绪，促进食欲。

(3)餐中护理

在进餐过程中，教师要向幼儿介绍"每日菜谱"，激发幼儿食欲的同时，帮助他们拓展知识经验；坚持"少盛多添"，多给予幼儿一些鼓励，帮助个别挑食的幼儿逐渐地克服偏食、挑食的不良习惯。另外，教师还要关注对体弱儿和肥胖儿的护理。

针对肥胖儿童，要引导他们先喝汤，再吃蔬菜，然后吃饭和荤菜，并随时提醒和督促其进餐速度，鼓励、教育幼儿细嚼慢咽，保证进餐速度控制在 20～30 分钟，纠正幼儿挑食、偏食的不良饮食习惯。

针对营养不良儿童，应做到"少盛多添"，告知幼儿用两边牙齿咀嚼，并给进餐速度慢的幼儿喂上几口；也可以把肥胖幼儿和营养不良幼儿安排在同一桌上进

餐，以起到相互督促的作用。

（4）餐后整理

保育员要事先准备好餐后擦嘴的毛巾，放在餐前准备桌上；让幼儿吃干净饭菜后将餐具放到餐前准备桌上的盆里或桶里（不要用筐，以免汤汁流出来）；放餐具时，告诉幼儿轻轻摆放、分类摆放，然后拿一块毛巾擦干净嘴巴和小手，将擦过的毛巾放在一边待洗。

幼儿全部用餐完毕后，保育员要清理桌面，收拾好餐具送至消毒室；用洗洁精擦洗桌面，再用清水毛巾擦干净；清扫地面，再用湿拖把拖干净。

2. 午睡护理

睡眠对于每个人来说都是非常重要的，只有拥有了充足的睡眠，才会让人有充沛的精力去工作和学习。对于幼儿来说，不仅是晚上的睡眠，午睡也同样必不可缺。因而，加强对幼儿午睡的护理，提高幼儿的午睡质量是至关重要的。

一般情况下，"幼儿午睡护理流程"如下。（见图 2-13）

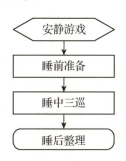

图 2-13　幼儿午睡护理流程

在午睡前，教师要带领幼儿做一些安静的游戏，如散步、看书，让幼儿情绪保持稳定，为更快地入睡打下良好基础。

午睡前，教师还要做好午睡环境的充分准备。首先，做好窗户的开关工作，根据气温决定开窗时间，确保寝室内空气流通。其次，做好幼儿睡前床铺准备工作，教师提前整理好床铺，同时对幼儿加强指导，引导幼儿按照正确脱衣裤的顺序，有序进行，脱好衣裤之后能快速上床盖好被子。

午睡中，教师要加强巡视护理。一般要求巡视不少于三次。巡视内容包括：幼儿是否有踢被、汗湿或者不正确的睡姿；特别要对体弱儿、病患儿多观察与照顾，若发现异常及时处理；加强对午睡过程中如厕幼儿的照顾，夏天为幼儿准备凉拖鞋，冬天准备外套和棉拖鞋，方便幼儿快速如厕，以避免幼儿着凉。

午睡后，教师首先播放轻缓的音乐，引导幼儿从梦乡中苏醒，再引导幼儿有序地穿好衣服。尤其是在冬季，为了避免幼儿起床时受凉感冒，教师要指导幼儿先穿上衣，后穿下衣，最后再穿袜子和鞋，对于有困难的幼儿要加以帮助，全部幼儿穿好衣服后，教师要逐一进行检查和整理。

3. 如厕护理

上厕所，说是小事，其实是大事，正确的如厕习惯是保证个人卫生和健康的

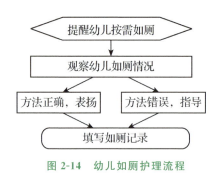

图 2-14　幼儿如厕护理流程

前提，也是创造清洁卫生环境的必要途径。当宝宝长到一定年龄后，成人就应该开始给他们进行如厕训练，以培养正确的如厕习惯。

　　在幼儿园，对幼儿进行如厕护理一般会出现在托班或小班。这时候的幼儿年龄较小，虽然有些孩子在家庭中已经接受过如厕训练，但是其效果不一，教师还要根据幼儿的具体情况，运用"幼儿如厕护理流程"（见图 2-14），适时适当地进行指导，以培养并巩固他们良好的如厕习惯。

　　①在日常生活中，要提醒幼儿有便意要及时如厕，以免对身体造成伤害。

　　②在幼儿如厕过程中，教师一要留意幼儿的如厕方法，如他们是否会脱、穿裤子，是否会擦屁股，擦屁股的方法是否正确等；二要观察幼儿的小便及大便是否正常，有没有饮水量少或者腹泻、便秘的情况。

　　③幼儿如厕后，教师一要对会正确如厕的幼儿进行表扬，对方法错误的幼儿进行示范指导，帮助孩子学会正确如厕的方法；二要对饮水少，或者有便秘现象的幼儿提出喝水和饮食上的要求。

　　④教师可以对幼儿的如厕情况进行记录，尤其是对年龄越小的幼儿越要记录得详细一些，以便与家长进行饮食护理和生活护理上的沟通。

二、幼儿生活程序的习得

（一）盥洗

　　盥洗是幼儿生活的一个重要环节，可使幼儿毛发、皮肤保持清洁，提高皮肤的各种功能，减少皮肤被汗液、皮脂、灰尘污染的机会，提高皮肤的抵抗力，维护身体的健康。同时，还可以培养幼儿爱清洁、讲卫生的好习惯，提高幼儿的生活自理能力。

　　在幼儿园一日生活中，幼儿最经常做的盥洗活动就是洗手。比如，吃饭前要洗手，大小便后要洗手，玩完玩具要洗手，擦拭橱柜后要洗手等。为了培养幼儿良好的卫生习惯，教给他们正确的洗手方法，幼儿园可以专门针对洗手这件事情，制定"幼儿盥洗程序"（见图 1-5），并用图示的方法呈现在班级盥洗室中。这样不仅能对室内环境进行美化，还能让孩子们在洗手的过程中随时进行学习，可以达到"一举两得"的效果。

　　大家在实施"幼儿盥洗程序"的过程中，要注意以下三个方面的问题。

①在"幼儿盥洗程序"中，"擦肥皂"一项，教师要按照"洗手心→手背→手指缝→手指尖→手腕"的顺序来引导幼儿用肥皂在相应的部位来回搓，直到搓出泡沫方能达到去除细菌的效果。

②在"甩水、擦手"这一环节中，教师要引导幼儿弯下腰，面向水池甩手三下，并用自己的毛巾擦手，之后放下衣袖。（秋冬季节洗手后，教师要引导幼儿在手背抹上护手霜，以保护皮肤）

③如果幼儿洗手后，紧接着就要吃午点，或者进餐，那么，教师要引导其回到自己的座位上，捧好两只小手，不乱动其他物品，以保持手的洁净，为后面的餐点活动做准备。

（二）进餐

餐点活动是幼儿园一日生活中最基本的环节，它重在培养幼儿的良好饮食习惯和进餐能力，对幼儿健康成长起着重要的作用。幼儿园可以制定"幼儿进餐程序"（见图 2-15），并按照上面的方法组织幼儿的进餐活动，培养幼儿良好的进餐习惯。

①在餐点前，教师要引导幼儿自觉洗手，组织幼儿开展一些安静活动，如手指游戏、听故事、念儿歌等。

②在进餐过程中，教师要提醒幼儿独立进食，不依赖教师，不边吃边玩，不大声讲话。教师还要提醒幼儿养成文明进餐的行为和习惯。比如，学会正确使

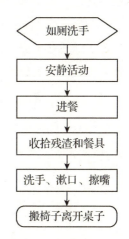

图 2-15　幼儿进餐程序

用餐具，一手拿勺子(中、大班使用筷子)，一手扶住碗，喝汤时两手端着碗；进食时会细嚼慢咽，会饭菜就着吃，干稀就着吃；不挑食、不偏食、不剩饭菜，不过量进食；保持桌面、地面和衣服清洁，骨头、残渣放在渣盘里或堆在一起。幼儿 30～40 分钟吃完饭菜，15 分钟左右吃完点心。

③进餐结束后，教师要提醒幼儿咽下最后一口饭后离开饭桌，将餐具、残渣收到指定地点，清理好自己的桌面。

④每个幼儿餐点结束后，教师都要提醒其用温开水漱口(正确的餐后漱口方法：在碗或口杯中倒上温开水后，喝一口水，闭着嘴咕噜几下，用水冲击牙缝，再吐出水，反复 2～3 次)，漱口后用小毛巾擦嘴，并将手上的油腻洗干净后，将自己的小椅子搬离桌子，放到指定地点。

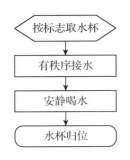

图 2-16　幼儿饮水程序

（三）饮水

水是生命的源泉，也是维持生命的必不可少的物质。在幼儿饮水的环节，幼儿园可以根据自己的情况设立"幼儿饮水程序"（见图 2-16），不但能够培养幼儿喜欢喝水的习惯，还可以帮助他们树立有秩序活动的意识。

①在统一饮水期间，教师要提醒幼儿按照标志拿取自己的水杯，不要使用他人的物品，以保障大家的健康。

②幼儿在接水时，教师要提醒他们按次序接水，不推不挤，不浪费水，培养其轮流等待的秩序感和节约用水的意识。

③在幼儿喝水期间，教师要提醒他们不说笑，不边走边喝水，以免呛到。

④当幼儿饮水完毕后，教师要提醒幼儿将自己的杯子放回原处，如果杯子橱不是悬挂式的，要提醒幼儿把杯口朝上，避免接触橱子面，以免弄脏杯子。

（四）午睡

幼儿的午睡不单单能保证他们充足的睡眠，更是培养其秩序感和生活自理能力

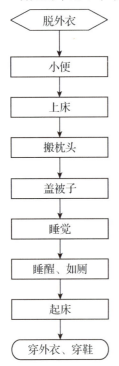

图 2-17　幼儿午睡程序

的重要环节。为此，幼儿园可以在这一环节，设立"幼儿午睡程序"（见图 2-17）。教师通过本程序的设置和引导，帮助幼儿建立良好的午睡活动次序，同时培养幼儿正确穿脱衣服的能力。

①在脱外衣时，教师要提醒幼儿自己或在他人帮助下按顺序脱衣裤。脱衣服的次序为：先脱鞋，再脱裤（冬季先解上衣纽扣），最后脱上衣；所有脱下来的衣服要放在固定的地方（夏天放在小椅子上，冬天放在枕头旁），鞋子要正确摆放在床下。

①幼儿上床后，要将枕头摆放在有护栏一侧的床头，将枕头上的枕巾铺平，把被子全部拉开（教师要注意提示幼儿区分好被子的正反面），盖到双腿，身体慢慢向下伸，最后将被子拉到脖子下，将小手藏到被子里。

③幼儿盖好被子后，教师要检查其盖被子的情况，并提醒幼儿采用正确的睡姿入睡。

④幼儿睡醒后，无论是否到起床时间，都可以根据自己的需要如厕，以免发生尿床现象。

⑤幼儿起床时，教师要提醒幼儿分清衣裤的前后，学习拉拉链、扣纽扣。幼儿穿鞋时，教师要提醒幼儿分清左右脚，学会穿鞋的方法：拉好鞋舌、脚伸进鞋、拨起后跟、系好鞋带或粘好鞋扣。

⑥对于中班、大班的幼儿，教师可以提醒他们起床后按照教师的要求折叠好被子，并在小床的统一位置放好。

（五）如厕

按时、按需如厕对维护幼儿的身体健康来说非常重要。一般在幼儿园里，教师会在集体活动的前后组织幼儿集体如厕，另外，还会根据幼儿的需求，引导幼儿随时如厕。因此，如厕这一活动对于幼儿来说，其在一日活动中的次数还是比较多的。为此，幼儿园可以设立"幼儿如厕程序"（见图 2-18），通过程序的了解，帮助幼儿培养正确如厕的方法和次序，提高其生活自理能力。

①如果幼儿需要在蹲便池如厕，教师要提醒幼儿提前将裤腿卷起，以免在如厕过程中将裤腿弄脏。

②教师要提前在便池的两侧贴上小脚丫的标志，引导幼儿站在标识上如厕。

③如厕前，教师要指导幼儿对准厕盆大小便，尽量不要排在外面；如厕后，教师要教给幼儿便后擦屁股的正确方法（要从前向后擦，把纸折叠后擦两次，小班幼儿初入园时可以由教师来帮助擦，中大班幼儿便后自己擦），并提醒幼儿便后要穿好裤子（冬天必须做到把内衣塞进裤腰），注意腹部保暖，最后，提醒幼儿便后要及时冲水，保持便池的清洁。

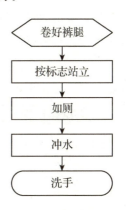

图 2-18 幼儿如厕程序

④幼儿如厕结束后，教师要提醒其洗手，以培养其良好的卫生习惯。

第三节 严谨化的教科研

苏联著名教育家苏霍姆林斯基曾说："引导每一位教师走上从事一些研究的这条幸福的道路上来。"这句名言很明确地提出教科研工作是每位教师自身成长的需要，同时也隐喻了教科研工作在教师队伍建设方面，在提升幼儿园教育教学质量方面所不能替代的作用。

随着幼教事业的改革发展，教科研的重要性越来越被幼儿园重视，通过教科研提高教师素质、形成办园特色，已经成为不少幼儿园的办园策略，"科研兴园"已逐渐成为幼教事业发展的必然趋势。因此，作为幼儿园管理者，不但要明确教科研在幼儿园工作中的重要地位，也要有效组织幼儿园教科研工作，运用流程管理，在将理论和实践相结合的理念下，向教科研要效益（如教学效率的提高），注重双重人才的丰收（幼儿的身心和谐发展和教师的成才），通过教科研树立幼儿园的品牌形象，积淀形成本园特色。

那么，什么是幼儿园教科研工作？顾名思义，幼儿园的教科研工作包含两个方面的内容：一是教研，二是科研。商务印书馆的《现代汉语词典》中对教研和科研是这样解释的：教研是指对教学问题的研究；科研是对科学问题的研究。再进一步深究下去，科学是反映自然、社会、思维等客观规律的分科的知识体系，研究是指探求事物的真相、性质、规律等。明确了教研和科研的概念，我们可以更进一步理解教科研之间的关系。它们显然有相通之处，即都是一种研究，但它们也并不等同，而是存在着层次上的差异，即对教育研究所形成的个别规律通过提炼和升华，转化为普遍规律时才称其为科研。

一、流程引领园本教研

幼儿园教师是教育活动的直接实践者，教学第一线是他们进行教研的活源头，而教育实践中的问题是教师教研的起点。基于这个理念，在幼儿园课程改革的大背景之下，园本教研也作为一种新的教研形式在校本教研兴起之后产生了。

（一）对园本教研的认识与理解

园本教研和传统意义上的教研有着本质的区别，其具体表现在以下几个方面。

1. 教研组织从行政性向专业性回归

传统意义的教研以专业研究人员和管理者为研究主体，园本教研以教师为研究主体。

2. 研究内容从教材教法走向幼儿的学习

过去大家通常认为：幼儿的发展是在一个既定的教材教法的框架下实现的，教师应当是课程方案的忠实执行者。因此，教研研究的是课程实施的技术性知识。现在很多幼儿教师已经知道：幼儿的发展取决于教师对课程的创造性实施。因为设计好的课程与教师执行的课程和幼儿体验到的课程之间不应当是完全吻合的，必须对课程加以改造，以适应不同背景下幼儿的发展需要。

3. 教研目的从为完成教学计划走向教师专业发展

大家过去认为，教师发展是在入职前实现的，就是在专业院校完成的。教研主要是集体性备课，熟悉教材，掌握教法，熟练教学技能，以及统一进度、检查、督促教学计划的完成情况，教学管理的色彩强于研究性。现在我们知道，教师的专业是在教学实践中不断发展的，从新教师到成熟教师再到专家型教师，这是入职以后在幼儿园中实现的。"园本教研"是促进教师专业发展的途径，方法就是融工作、学习、研究于一体，即在教学过程中研修。

4. 教研动机从任务驱动走向问题驱动

传统教研是为了完成教学计划，园本教研是为了专业发展，最大区别就是教师的主体性。前者是被动的，后者是主动的。因为教师必须对自己的专业发展负责，专业发展是通过研究实现的，而教师的研究就表现为反思性实践，反思性实践是提出问题和解决问题的过程。

5. 教研内容从主要研课走向研究一日生活

过去搞教研主要是研究课：观摩课、研讨课、示范课等都是为了上好常规课。园本教研确立大课程观，幼儿园一日生活都是课程实施途径，教学的形式也不只是上课。教研内容应当是一日生活中的各种问题，教研形式也应多种多样。

通过以上的思考与观念上的转变，我们可以对幼儿园园本教研进行一个较为明确的定义，即园本教研是以园长和教师为研究主体，以幼儿园存在的教育问题为研究对象，以改善和提高幼儿园管理和教育质量，促进机构内部人的发展为目的的教育研究探索活动。其具有三个最核心的问题：一是研究内容一定是幼儿园在实践中遇到的实际问题；二是研究主体一定是一线工作人员；三是研究目的一定是以研究为手段来解决实践中所遇到的问题。

（二）"园本教研流程"的制定与实施

"园本教研工作流程"是指幼儿园教研工作与活动的流向顺序，主要包括工作过程中的环节、步骤和程序。教研流程反映了组织系统中各项教研工作之间的逻辑关系，并呈现出一种动态性。建立"园本教研工作流程"的意义在于优化教研活动的管理与组织，让教研活动趋于规范化与科学化。

幼儿园在开展园本教研的时候，通常会以一个学年或一个学期为周期，形成一套根据时间界定的工作流程体系。其具体的操作见图 2-19。

通过这个流程，大家可以根据时间的界定，将其分为制订计划、执行计划、

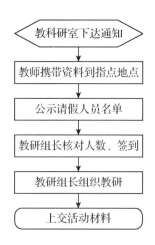

教科研室下达通知

教师携带资料到指点地点

公示请假人员名单

教研组长核对人数、签到

教研组长组织教研

上交活动材料

图 2-19　园本教研工作流程

总结计划三个阶段。在这三个不同阶段中，幼儿园可以根据自己的管理内容，提出不同的要求。

1. 第一阶段：制订计划

时间为学期初第 1 周至第 2 周。在这一阶段中，幼儿园管理者和教研组长需要开展以下工作。

(1)共同研制计划

教研计划是指为完成较复杂的研讨工作任务而预先设定的行动方案。具有统领整个学期(学年)教师保教实践研究的作用。计划在教研工作流程中只是一种文本，但是由于其指明了研究的方向与目标，所以仍需要在编制过程中进行反复思考与权衡。

为此，教学园长和教研组长要在开学前就组织专门会议，共同研制、明确各教研组的研讨方向，分头制订各组计划，以避免出现表象化、粗放化、割裂化等问题，让其能够真正涉及本园、本组及个体的真实现状，解决教师最迫切需要的"真问题"，使其目标、内容与安排紧密联系，以保证在实施过程中的科学性和逻辑性。

如果教学园长和教研组长不能了解本园存在的"真问题"，可以运用问卷的形式面向全园教师进行调查(见表 2-7)，在了解教师的主要诉求后，再确定园本教研的目标和方向。

表 2-7　幼儿园园本教研内容调查表

各位教师：

为进一步了解我园各项工作的实际情况，发现问题，及时解决，并促进我园园本教研质量的提高，请如实填写此表。

此次调查与考核评价无关，希望您写出自己的真实需求和想法，以方便和服务于您的下一步工作！请字迹工整，详细记录。谢谢您的支持！

1. 上学期组织的园本教研活动中，哪次活动对您的收获最大？请展开说明。

2. 请累计我园现在各项工作中存在的问题与不足，并逐条写出。

3. 请将您认为的当前我园最重要的、最紧急的，而且是通过大家共同的努力能达成的工作写出来。

4. 如果下学期幼儿园采纳您的研讨题目，您认为我们研讨的重点是什么？采用哪些形式？请具体写明。

另外，在制订园本教研计划的时候，可以参照以下的内容进行设置，如教研背景、教研目标、教研内容与教研活动安排等，以便计划能够全面、完整地呈现园本教研的内容。

表 2-8　园本教研计划表

上学期教研情况（略）				
教研专题：如何创设有利于幼儿发展的主题环境				
教研目标：提升教师创设有利于幼儿发展的主题环境的能力，使教师能够根据主题活动的开展及幼儿的需要，创设相应的主题墙饰，并提升其指导能力				
教研活动安排				
序号	活动时间	研讨内容	参与人员	备注
1	3 月 11 日	主题墙饰与幼儿发展之间的关系	备课教师	观察研讨
2	3 月 25 日	如何创设适宜的主题环境	备课教师	集体研讨

在表 2-8 中，上学期教研情况就是本园的教研背景，其主要是对原有教研情况或基础进行的简单阐析，是制订教研计划的基础。教研目标是基于教研背景在对教育要求与方向上的一个较高的定位，它要符合以下几个特点：一是预设要适当，避免大而空；二是与背景分析要匹配，具有现实性、操作性和达成性。教研活动安排是整个教研计划中最具有操作性的部分，决定了计划的可执行度，也有助于教研组长将教研目标与教研内容进行系统化、结构化的分解，保证研究的连贯性与有序性。

（2）合理安排计划内容与人员

组长在制订计划的过程中，要合理安排教研内容与组员的关系，周密考虑活动安排的目的性，以充分调动组员参与的积极性。

在编制教研活动时，组长可以关注以下问题：一是多考虑以实践研究为主的教研活动，避免空学空谈，仅把理念停留在认识层面；二是教研活动安排不宜过多过满，应给予教师一定的实践和空间进行反复思考与斟酌；三是要兼顾理论学习、实践研讨、案例分析、外出学习等多种形式，帮助教师多渠道获取信息。

（3）确认教研计划

教研计划初步制订完善以后，教学园长和教研组长可以组织各个组员开展第一次教研活动，与组员沟通并确认计划中目标与内容的合理性与组织的可行性，让组员了解自己承担的研讨任务，做到早知晓、早安排、想全面。

2. 第二阶段：执行计划

时间为学期初第 3 周至第 17 周。园本教研计划确定以后，教学管理者和教研组长要根据计划进行活动，为了能让"园本计划"得到教师的认可，以便更好地落实，需要做好以下几个方面的工作。

（1）制订教研预案

教研预案是指在园本教研正式开展以前，教研组长按照教研计划制定相应的实施方案，以保证每一次或每一段的研讨能有效落实的方法。教研预案包括：名称、目标、准备、过程四个内容。其中名称是指每次园本教研所研究的内容；目标是指本次教研所要达成的目的；准备是指教研活动所需要的已有经验及材料；过程是指园本教研开展的过程与要求。这些方面的梳理，不但能让教学管理者及教研组长明确每次园本教研的核心问题和价值，也能为教研的顺利开展做好保障。

案例 2　教研预案

教研名称：主题墙饰与幼儿发展之间的关系

教研目标：

①了解主题墙饰的构成及其与幼儿发展的关系，帮助教师逐步积累这方面的经验。

②提高教师的观察意识和问题意识。

教研准备：观察记录表若干。

教研过程：

①学习观察记录表的使用方法。由教研组长设计墙饰观察记录表（见表 2-9），并带领全体教师学习其使用方法。

②进入班级进行观察并做记录。

③观察研讨。请教师交流自己的观察所得，并提出自己的想法。

表 2-9　班级主题墙饰观察记录表

时间：		记录人：	
班级	主题墙饰内容		备注
主题板块数量及内容			
幼儿深入参与版块内容与数量			
幼儿互动版块及数量			

（2）发布教研公告

教研公告是告知组员教研内容，布置教研要求，让参与教研的教师准备好相应资料或信息，做好做足教研前期准备的一种通知形式。通常教研公告会在教研活动开展前一周发布，最晚不能超过教研前三天，以便教师做好充分的物质及心理准备。

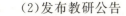

案例3　教研公告示例

> 本组将于下周开始，对我园主题墙饰与幼儿发展之间的关系进行研讨，请备课教师做好如下准备：
> ①提前对班级主题墙饰进行检查，破损处及时进行修补。
> ②在环境观摩时，以年龄班为单位，请备课教师提前到小一班集合，听取教研组长对活动的要求和介绍。
> ③环境观摩时，请认真填写观察记录表，并以年龄班为单位进行交流与沟通。

（3）组织教研活动

这一环节是教研组长根据教研预案组织教研活动，在教研活动中，教研组长要带动教师积极主动参与活动，为教研活动献计献策。要明确教师是教研活动的执行者，教研活动最终要靠所有教师的共同参与来完成。教师的积极参与是教研活动开展的重要保证。教研题目再好、形式再新，若没有教师的踊跃参与，也是毫无意义的。另外，教研组长要做好教研记录，并进行资料存档。（见表2-10）

表2-10　幼儿园园本教研活动记录表

时间		地点		主持人		记录人	
应出席人数		缺席人员					
活动内容							
活动记录							

（4）组织组际联动

一般情况下，幼儿园开展的园本教研均为各个教研组独立开展，以针对本年龄段幼儿的活动与发展进行保教实践研讨，确保研究的针对性。同时，因为幼儿的成长是连续而整体的，为了他们的可持续发展，各教研组之间又不是完全割裂的，存在着互动与合作的关系。为此，幼儿园会组织一些组际联动，通过这样的教研形式，使小组研究中有意义的信息与资源得以传播与深化，同时也让教师得到教育理念、教学经验上的交流与互补。

案例4 记一次组际联动

在开展看图讲述活动中，我园围绕本学期专题研究内容"各年龄段看图讲述活动的开展"进行组际联动。活动前，各教研组从组长到组员都做好了精心的准备，都带着自己的思考有备而来。首先，大班教研组在组长赵老师的主持下，围绕大班图片素材"偷懒的小蜗牛"开展了现场活动设计，分享了大班看图讲述的教学策略；中班教研组在组长王老师的带领下，围绕中班看图讲述活动的特点，借助图片素材"开满玫瑰花的院子"进行了集体备课；小班教研组在组长刘老师的带领下，借助图片"送大乌龟回家"进行了有效备课研讨，教师们从目标到环节再到关键提问逐一进行了讨论。每个教研组展示时，组内讨论热烈，来观摩的教师认真倾听；一个教研组展示后，其他组教师还即兴表达了自己的观摩感受。最后，胡园长对本次组际联动活动进行了总结陈词。她先用"有效"两字高度肯定了本次展示活动的质量，又用"欣喜"两字表达了对三位组长一年来快速成长的喜悦。

在互相观摩、点评中，各教研组之间相互学习和借鉴，增进了了解，也充分调动了各小组组内的团结协作，使组际联动真正成为帮助教师及组长迅速成长的助推剂，成为教师专业化成长的有力推手。

3. 第三阶段：总结计划

时间为学期第18周至第20周。教研总结是对教研活动进行信息汇总或小结的过程，它有利于教师及教研组长对参与的园本教研情况进行梳理，反思与调整后期的教研计划，以保证研究方向不迷失，并在这个过程中促进教师及教研组长的成长。

教研总结包括以下几个方面的内容：

①布置教研总结工作：安排教研总结的具体事项，布置总结内容，告知组员总结的形式（撰写论文、经验总结、课例反思等）与时间。

②按期组织教师论坛：确认总结日期，按时组织组员交流，共享研究成果。

③做好自我教研总结：根据反馈，汇总组员信息以及自己一学期的教研工

作，撰写教研工作小结。

④初步形成下学期研讨方向：在反思本学期工作的基础上，思考下学期的教研方向。

⑤整理教研资料，将一学期的教研资料整理归档。

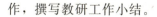 **二、流程保障课题研究**

开展课题研究可以指导幼儿园教育教学实践，提高教育教学质量，增强教师的研究能力和综合素养，推进幼儿园的教育教学改革。因此，伴随着基础教育课程改革的推进，越来越多的幼儿园意识到了课题研究的重要性，很多幼儿园也参与到课题研究过程中。

但是，在幼儿园开展的课题工作中，大家总会看到这样或那样的一些问题。它们的存在，不但影响课题的顺利开展，也会让教师对开展课题研究的积极性不高。

（一）课题研究过程中容易出现的问题

通过对周边幼儿园开展课题情况的调研，笔者发现在课题研究过程中普遍存在的问题有以下几个方面。

1. 目的不明确

幼儿园开展课题研究的目的本应是为了将研究成果用于工作实践，促进幼儿园保教质量的提高，然而许多幼儿园开展课题研究并不是出于这一目的。有的幼儿园是受外力驱使，纯粹为了完成上级管理部门下达的任务；有的幼儿园是追随潮流，"别的幼儿园在做了，我们也不能落后"；有的幼儿园是出于竞争需要，因为要评省、市级示范幼儿园一定要有课题研究成果。出于这类目的而开展课题研究的幼儿园，很少会考虑如何通过课题研究切实改善教育教学工作，提高保教质量，促进幼儿的全面发展和教师的专业成长。

2. 不重视过程

（1）选题盲目

第一，缺乏针对性。选择课题时应联系实际，考虑对幼儿园的教育教学和管理有一定价值的问题，如针对教育教学中的薄弱环节和突出矛盾等。但目前许多幼儿园不考虑自身实际，有的直接选择省、市级规划课题，有的上网查查别人都在研究什么，什么话题最热门就研究什么。事实上，有的课题并不符合幼儿园的基础条件和教师的研究能力，缺乏可操作性；有的课题许多幼儿园一哄而上参与研究，看似热闹，其实大多是低层次的重复，缺乏现实意义。这样的课题研究花费了幼儿园大量的精力，实效却不高。

第二，有课题无问题。有的选题大而空，不具备可操作性，如"幼儿创造力的培养""论游戏对幼儿的影响"等。这些课题涉及面太广，只确定了研究范围，却没有提出具体问题，导致教师无从下手，无法操作。其实这些课题可以缩小研究范围，进一步聚焦，如研究"如何在数学活动中培养幼儿的创造力""论角色游戏对幼儿社会性发展的影响"。这样一来，问题也就清楚了，课题的可操作性也增强了。

（2）忽视过程

课题研究应是一个从假设到论证的过程，它追求的是实践中的探索，注重的是过程中的实效。然而，许多幼儿园的课题研究过程常常走过场：课题组教师集体研讨分配任务，教师围绕课题组织活动，开展几次教学活动观摩或以经验介绍的形式展示研究"成果"，结题时每位教师写几篇经验性的文章，仅此而已。许多教师在此过程中对如何进行研究设计，如何收集、整理资料，如何保障研究计划的达成，如何呈现研究成果等问题始终稀里糊涂，最终导致"开题轰轰烈烈，过程懒懒散散，结题匆匆忙忙"。

（3）缺乏保障

很多教师都提出，幼儿园缺乏合理的课题研究工作管理制度。首先，幼儿园常常忽视对课题组成员进行相关培训，也很少为教师提供相应的专业指导，使得教师在研究中遇到问题时无法找到有效的解决策略，导致研究停滞不前。其次，课题组教师日常带班工作任务很重，研究时间得不到保证。专业水平的限制、研究精力的缺乏使得幼儿园无法形成一种良好的研究氛围，导致课题研究得不到保障。

（二）课题研究中的流程保障

通过对幼儿园课题研究中问题的分析，大家可以看出来解决这些问题的途径，一方面要加强做课题教师的研究水平与素质，另一方面要提高管理者对课题研究工作的监督与管理。这也就是说，在实践工作中，幼儿园管理者一方面要加强对科研研究工作的制度保障，另一方面也要制定相应的流程，以便对流程的过程给予监督与指导，让每个参与研究的教师都能按照流程开展课题工作，使每个课题都能按照目标进行，最终形成研究成果。

1. 课题管理中的流程

课题管理流程是幼儿园课题管理过程中制定的流程，其根本目的在于管理者对幼儿园课题工作的确认与指导，对幼儿园的课题工作具有指导作用。

图 2-20 是关于幼儿教师如何申报课题的流程，通过观察这个流程，大家可以很清楚地了解申报课题的方式、方法，所经手的部门，以及各部门人员的具体工作。另外，在本流程的后面可以附以流程说明。比如，①教科研室负责接收课题立项部门有关课题申报的文件，在传达室进行公示，鼓励教师积极申报课题；②课题负责人负责撰写"课题立项申请表"；③教科研室负责审核"课题立项申请表"，并提出指导建议；④教科研室上报教学副园长审阅；⑤教科研室上报园长审阅，同意立项的，履行签字、盖章手续；⑥教科研室将申请表在规定时间内上报给上级立项部门。

通过流程说明的补充，大家会对本流程中的每个环节的操作更加清楚、明了，说明的文字虽然不多，但是其意义决不能小觑。

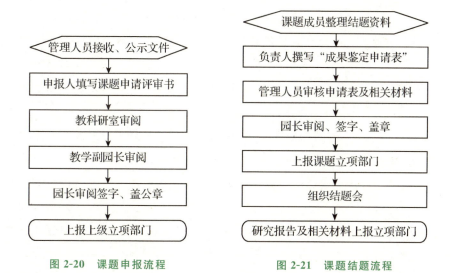

图 2-20 课题申报流程　　　　　　图 2-21 课题结题流程

图 2-21 为"课题结题流程"，将课题结题的整个过程进行了明确，通过流程，就能让每个参与者清晰地了解课题结题的资料与次序，以便课题顺利结题。

另外，在流程的后面，也可以附上相应的流程说明。比如，①课题负责人根据立项部门所提出的课题结题标准整理并完善课题结题资料，内容参照附表；②课题负责人撰写"课题结题申请表"，并上交教科研室；③教科研室负责审核"课题结题申请表"及结题资料，提出指导建议；④教科研室上报园长审阅，同意结题的，履行签字、盖章手续；⑤教科研室将申请表及材料上报立项部门；⑥由教科研室协调，邀请专家，组织课题结题会议；⑦由教科研室统一将结题材料上报课题立项部门。

通过制定幼儿园课题申报和课题结题两个方面的流程，管理者就把握住了课题工作开展的两个端口。对幼儿园的科研工作者来说，这样的流程管理是非常必要的。

2. 课题培训中的流程

从概念上讲，培训是一种有组织的知识传递、技能传递、标准传递、信息传递、信念传递、管理训诫行为。培训可以让员工在一定的教育训练技术手段基础上达到预期目标，其对提高员工的工作能力，提高全体教师的素质具有重要的作用。

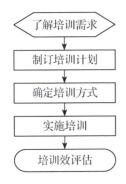

图 2-22　课题培训流程

针对课题所需的知识及内容，课题组可以开展相应的课题培训。其主要环节包括以下几个方面。（见图 2-22）

①在培训开始之前，管理者首先要做调研。一是了解课题组成员最希望了解哪些与课题相关的内容，想要开展哪些方面的培训或是存在哪些有待解决的问题；二是根据大家的需求选择适合的培训讲师。

②管理者在调研的基础上制订培训计划。培训计划的内容主要包括：培训内容、培训时间、培训地点、培训讲师及参与者所要做的材料及经验准备等。

③制订好培训计划后，管理者还要对培训方式进行界定。一般适用于课题培训的方式有：讲授法、研讨法、视听技术法、案例研究法。管理者可根据参培人员的特点自行选择。

④在所有准备完成以后，管理者要组织课题组成员参与培训。培训中，管理者要关注学习者的反应，并对学习者的培训效果进行考评。

⑤最后，管理者要及时进行培训的总结，积极为以后培训工作的有效开展提供经验。

通过对以上课题培训流程的了解，大家可以看到科学系统的培训既能节省幼儿园的人力、物力、财力和时间，还能达到促进管理水平提高，增进教学效益的目的。

3. 课题研究中的程序

课题研究是一个发现问题、分析问题、解决问题的过程。发现问题需要教师有一定的问题意识，能在日常教育教学实践中有意识地观察、记录、思考；分析问题需要教师做出判断，什么问题值得研究，可以从哪些角度入手进行研究；解决问题需要教师了解并运用一定的研究方法。因此，课题研究要求教师具备一定的理论修养和先进的教育理念，这样才能对自己的实践进行反思，体会到"原来这样做更好"。

因此，在课题研究过程中，需要建立相应的研究程序（见图 2-23），帮助教师完成课题研究的过程，最终提高教师的研究能力，提升全园的教科研水平。

众所周知，教育课题研究的基本方法主要有观察法、调查法、测验法、行动研究法、文献法、经验总结法、案例研究法、实验法等。虽然这些研究方法的具体操作形式不同，但是其都是立足于幼儿园教育实践，帮助教师认识教育规律，解决实际问题的有效途径。为此，研究过程也应具有一定的普遍性。（见图 2-23）

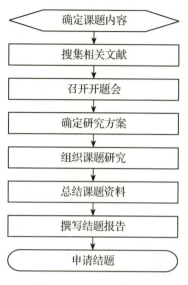

图 2-23　课题研究的一般程序

幼儿园也可以制定课题研究的一般程序，以指导幼儿园教师正确认识课题研究，顺利开展课题研究，提高课题研究的成效。

另外，针对幼儿园一线教师，最容易实施且最有效的研究方法就是行动研究法。因为这是一种以解决幼儿园中某一实际问题为导向的现场研究方法，是以实践经验为基础的，具有动态性，要求行动者（教师）参与研究，研究者参与实践，并在研究和工作中相互协作的教育科研操作的模式。针对这种研究，管理者可以制定相应的操作程序，帮助教师实施。

在图 2-24 中，大家可以看出行动研究法的操作一共有 6 个基本环节。

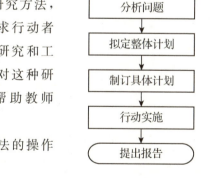

图 2-24　行动研究基本程序

①提出问题：对教学中亟待解决的问题进行预诊，提出行动改变的初步设想。

②分析问题：对诊断所提出的问题予以界定，进行初步讨论，分析原因，确定问题的范围，制订计划。研究小组成员必须有资料——与问题有关的文字、数据、图片、声像等供问题分析的资料。

③拟定整体计划：包括研究的目标、研究人员的任务分配、研究的假设、搜

集资料的方法等。

④制订具体计划：根据总计划再制定具体措施，通过有计划的干预行动，解决实际问题，改变现状。

⑤行动实施：在基本设想、总体计划和具体计划的指导下，落实具体计划。应包括对参与研究的人员进行培训，使他们掌握基本研究技术；按计划采取干预行动；应用有关的方法，如直接观察、问卷调查、个案研究、测试等手段，深入现场，收集资料，对行动后的结果进行评价；通过结果反馈来验证设想和计划是否可行、是否有效、是否需要进一步修改或调整；在修改的基础上再进行第二步的具体计划和行动。总之，行动研究是一种不断扩展的螺旋式结构，重点在于求得实际问题的解决。

⑥提出报告：在全部研究完成之后，对整个研究工作做出总结。研究者应以客观、求实、严谨的态度，对研究所获得的数据、资料进行系统的科学的处理，得出研究所需要的结论。对产生这一课题的实际问题及其解决的程度做出解释，并对研究成果进行评价。

在以上的流程和程序中，大家可以清楚地看到它们对课题顺利开展所具有的保障作用。另外，幼儿园管理者也要在制定流程的基础上，设立专门的研究组织机构，专门负责提供后勤保障，对课题组成员进行分工和培训，确定研究过程每一阶段的任务并监督研究的进程；同时聘请顾问或指导教师(幼儿园课题研究骨干或上级管理部门的教科研人员等)定期给予研究者指导与帮助，以保证课题研究工作能够持续、系统、科学而公开地进行。

第四节　和谐化的家园共育

家园共育是幼儿健康成长的基础，是幼儿园工作的重要环节。有一句话就概括了家长工作的重要性："忽略了一个家长，就等于放弃了一个孩子的教育。"因此，在教育幼儿的过程中，如果少了家园共育这一步，幼儿园的工作将很难开展，而且对幼儿的教育也将不能持续下去。因此，幼儿园应该制定家长工作管理流程，建立科学的、切合实际的家长工作程序化管理体系，以保证家园合作教育的有效开展。

一、家长会组织流程——让沟通变得更高效

家长会是教师与家长沟通交流效率最高的方式，能在短时间内让家长了解教

师的教育理念、教育目标、教育方法等，使家长产生认同感、信任感进而产生尊重感，以至配合主动、互动积极、合作愉快。教师要注重充分发挥家长会的交流沟通功能，做好充分准备开好家长会，为幼儿园及班级学期工作全面深入地展开奠定扎实有效的基础，从而让家长工作变得轻松高效。

一般情况下，幼儿园中召开的家长会共分为两种类型。一是全园性的家长会，主要是面向全园所有幼儿的家长，其重点内容是向家长介绍园所的历史文化、课程设置、教学特色及幼儿在园时家长应该关注的一些问题等，以达到增进家长对幼儿园整体概况的了解，并增强家长更新教育理念等目的。二是班级家长会，这样的家长会是由班级教师组织的，面向本班幼儿家长的会议。大多数会安排在每个学期初的前两周，家长会的主要内容包括向家长介绍班级情况、学期教育计划，选举家长代表，向家长提出改善家庭教育状况的建议并征求家长对班级工作的意见等内容。其目的在于加强教师与家长的双向沟通，增进彼此间的了解，并达成教育理念及方法上的共识，从而促进幼儿的全面发展。

以上两种家长会的组织虽然由于组织机构不同、参与对象不同，在流程上具有一定的区别。但是，无论是全园性家长会，还是班级家长会，它们在实施的过程中具有一些共同的特点。(见图 2-25)

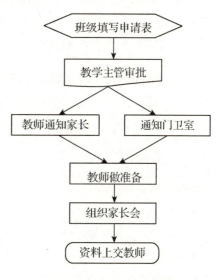

图 2-25　家长会组织流程

(一)要为会议的召开做好充分的准备

这种准备大致包括三个方面的内容。第一，场地、设备准备。包括开会的场所内桌椅的布置、环境的创设、卫生的清理等。第二，人员的准备。比如，幼儿园全园会议中，除了主讲人，还应该有主持人的配合，相关工作人员的签到、指引、提示等；班级会议中，需要三位教师共同参与，才能给家长呈现一种团结协作、共同为班级幼儿的发展而努力的集体形象。第三，材料的准备。作为会议的主讲人一定要提前将自己需要讲述的材料准备好，最好运用 PPT 的形式，充分使用照片、视频、互动问答来吸引家长的注意力，以便让家长能够全身心地参与，达到最好的会议效果。

(二)要提前通知家长，提高参会的效率

家长参会的人数是检验家长会组织的重要指标，也是保证家园共育效果的重要内容。因此，无论是幼儿园还是班级，一定要提前将家长会组织的有关细节告知家长，提醒、鼓励家长能够按时参与。

在以往，很多幼儿园会选择用发放邀请函的形式来通知家长会议的召开。现在随着新媒体技术的广泛应用，很多园所也会通过园所公共网站、校讯通、微信等方式告知家长，只要教师将邀请函的内容发放到这些信息平台上，就能达到更快捷、更方便的效果。通常家长会邀请函包括召开时间、地点、时长、会议主题、温馨提示等，里面的细节越清晰，越便于家长提前做好参会安排和准备，也更能保证开会的出勤率和效率。

案例5 某小班家长会邀请函示例

尊敬的各位家长：

您好！您是孩子的第一任教师，作为幼儿园教育的参与者、支持者和合作者，您在幼儿的发展中起着重要的作用，真诚地希望通过我们共同的努力把我们的孩子培育好。

为了加强你我之间的沟通，提高家园共育水平，我班定于3月10日（星期三）18：00在本班活动室召开家长会，届时将为您介绍本学期的幼儿发展目标、活动安排、独立能力培养以及家园配合事宜等内容，会议大约持续2小时，请您自带纸笔便于记录。我们真诚地邀请您在百忙之中抽出时间前来参与！感谢您的支持与配合！

小四班

3月4日

(三)要做好会议调查，提升组织的水平

家长会是幼儿园管理者、教师与全体家长进行沟通的重要途径，是教师、家长、幼儿之间沟通心灵的桥梁和纽带。为了让其能够发挥更大的价值，幼儿园管理者或教师可以在全园家长会或班级家长会开会之前，为参会的家长发放调查表（见表2-11），借此了解家长群体想要在家长会上解决的问题，以便会议中进行集中解答或研讨。这样一方面会增强家长参与家长会的积极性；另一方面也会让园

所和教师了解家长的现实需求，提高会议的组织水平。

表 2-11　家长会调查表

尊敬的＿＿＿＿＿家长：

　　您好！感谢您一直以来对班级工作的支持与配合！为了使家长会的内容能够更好地满足您的需求，让您通过家长会真正有所收获，以更好地促进孩子发展，我们设计了此问卷，请您在百忙中抽出时间来认真填写，感谢您的合作！

　　1. 通过本次家长会，您最想了解哪些方面的内容？

　　2. 在家长会上您最想和大家分享的您的成功育儿经验是什么？

　　3. 您在育儿方面有哪些困惑？

　　4. 您心中理想的家长会是什么样子的？

　　5. 您认为一学期开几次家长会最合适？分别是什么主题？

二、家长开放日流程——让展示变得更全面

　　家长开放日是指幼儿园定期或者不定期地向家长开放，届时邀请家长来园观摩的活动，这也是家长工作的一种非常重要的形式。家长开放日活动的作用重点有三个：一是可以让家长更加具体地了解幼儿园教育工作的内容、方法，让他们可以观察到教师的教养态度、教养方法和技能。这对家长来说是一种实地学习，有助于改善家长的教养行为。二是可以让家长亲眼看到自己的孩子在各方面的表现，得知孩子的发展水平及与伙伴交往的状况，特别是可以让他们看到自己的孩子在与同龄幼儿相比较中显示出的优势与不足，从而有助于家长更加深入地了解自己的孩子，与教师一起有针对性地教育孩子。三是为教师提供了争取家长理解、支持和主动参与的条件。教师通过与家长的互动，了解家长教育需求，从而优化课程建设，提高开放日活动的质量，促进教师、家长和幼儿的共同成长。

　　然而，通过观察，大家可以发现，现在很多幼儿园的"家长开放日"只是流于形式。一方面是因为幼儿园对班级家长开放日的组织缺乏监管，另一方面是因为

参与家长开放日的家长只是被动接受和服从，不能发挥其自身的主动性和互动性。长此以往，这很容易使家长缺乏参加活动的积极性，出现家园不合作的现象。因此，幼儿园一定要把家长开放日活动高度重视起来，实施"家长开放日组织流程"（见图 2-26），切实有效地开展家长开放日活动，让教师精心准备，让家长积极参与，真正实现家长开放日的重要价值。

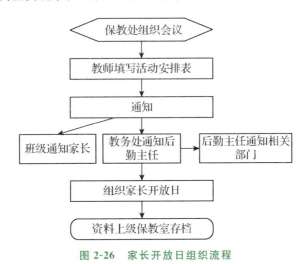

图 2-26　家长开放日组织流程

（一）家长开放日由保教处统一进行管理

每个学期，幼儿园保教处要根据全园教育教学工作计划，安排幼儿园各年龄的班级开展家长开放日的时间，并提前两周召开"家长开放日组织会议"，向班级教师传达开放日活动的宗旨、要求和时间。

（二）活动安排听取家长意见

为了提高家长开放日的有效性，教师可以提前利用家长委员会设计调查问卷表，请家长填写自己的职业、兴趣、特长，愿意给孩子组织什么样的活动，然后利用休息时间带上调查表进行家访，全面听取家长的意见，综合家长的意见确定活动主题。比如，小班幼儿家长非常关心孩子在园的生活情况，教师可以安排"幼儿动手能力的汇报"，向家长重点开放幼儿的生活活动，让家长耳闻目睹孩子吃早点、如厕、洗手、吃午饭、脱衣服、午睡的全过程。中大班有的家长从事特殊行业，教师就可以邀请当医生的家长，给孩子们讲解人体的构造以及自我保护方面的卫生知识；邀请当消防警察的家长，和小朋友开展"消防车进幼儿园"的活动。这些活动的组织有利于保证每位家长都能在开放日活动中体验到与教师、与幼儿互动的快乐。

表 2-12 家长开放日活动安排表

班级：　　　　　　主班教师：　　　　　　保育员：　　　　　　家长人数：

时间	内容	班级活动安排	承担教师	相关准备及人员
7：40—8：40	户外活动、区域活动、早餐(家长进园)			
8：40—8：50	班长介绍(半日活动安排、各环节目标)			
8：50—9：20	第一个教育活动			
9：20—9：30	生活活动如厕、盥洗、喝水			
9：30—10：00	第二个教育活动			
10：00—10：50	升旗、早操、户外活动			

制表时间：　　　年　　月　　日

(三)发布通知要覆盖所有工作人员

首先由班级向家长发出开放活动的邀请通知，同时幼儿园教学管理人员通知后勤主任，后勤主任再通知涉及的相关各部门(后勤主任根据家长开放日的时间与具体安排，争得各部门的配合、协作；开放日的前一天，幼儿园保教室代表幼儿园向家长发出邀请)。

(四)组织家长开放日活动要注重对家长和幼儿的引导

在家长方面，教师一是要引导家长如何看孩子的表现，要重点提示家长，评价孩子要着重看他们的主动性、积极性与创造性，看孩子怎样与同伴相处，看孩子在原有基础上的发展，孩子在园的表现与在家是否一样等，而不要总是把自己的孩子与别的孩子做横向的比校；二是要引导家长严格要求自己，遵守活动的共同规则，如不干涉、不替代孩子的各种活动，要关掉手机，不大声喧哗等。

在幼儿方面，教师要正确看待孩子故意"调皮捣蛋"、不按要求参与活动的行为。由于孩子平时在家或在班里见的人少，而在家长开放日时客人很多，孩子显得比平时活跃，想借机表现自己，显得比平时顽皮些，这些都是很正常的现象。为此，教师可以先把这些孩子与其他孩子分开，让他们去扮演一个特别的角色或做些特殊的事情；还可以让这些孩子和他们的家长共同活动，一起做一些安静的活动，如玩桌面玩具、画画、看书，待其不干扰其他幼儿的时候，再重新开始。

（五）活动结束后要评价

《幼儿园教育指导纲要（试行）》中指出："评价的过程，是教师运用专业知识审视教育实践，发现、分析、研究、解决问题的过程，也就是其自我成长的重要途径。"家长开放日活动结束后，教师可通过发放"家长开放日活动反馈表"（见表2-13）的形式，及时了解家长对幼儿园开放日活动的看法，反思家长对开放日活动的评价，以便吸取家长的合理化建议，不断提升自己的专业水平。

表 2-13　家长开放日活动反馈表

亲爱的家长：

　　您好！您的宝宝入园已经两个月了。孩子们在园怎样参与教师组织的活动，怎样与小伙伴一起游戏，怎样自己喝水、自己吃饭……是您想了解的也是您期待亲眼看到的吧！今天，您将通过我园的家长开放日活动，了解孩子如何过集体生活。请您在观摩孩子的活动后，将您的触动、建议及时反馈给我们，让您和我们一起真正形成家园合力，为孩子的成长共同努力！（请于次日上午交到传达室反馈箱内）。

　　1. 您对教师的教育活动有何见解？

　　2. 您对孩子在集体生活中的表现有何看法？

　　3. 您如何看待孩子生活自理能力的培养？

　　4. 您对幼儿园家长开放日活动还有哪些好的建议？

　　5. 您对幼儿园作息时间的安排有何建议？

　　6. 您想对教师说什么？

三、家访工作流程——让了解变得更深入

家访，从定义上讲是指教师对幼儿家庭进行的上门访问，是进行个别家庭教育指导的一种常用的有效方式，它也是家园共育的重要以及必要的形式。北京师范大学副教授宋立慧说："教师能上门家访，说明教师对教育很负责任，对学生很关注。"对幼儿园来说，家访是教师热爱、关心孩子的具体体现。

在幼儿园，家访的目的有两个：一是将近期孩子的在园表现向家长反馈，加强与家长之间的教育交流与沟通；二是切身感受幼儿的成长环境，了解家长的文化素质、家庭教育状况，以便充分发掘、利用家长教育资源，进一步拓宽工作思路，促进幼儿的健康成长。

依据家访的目的，大家可以看出，对于家访这种一对一模式的家长工作，应该是针对全班幼儿进行的。但是，由于现在很多园所班级幼儿的人数偏多，而教师的时间和精力又是有限的。所以，教师可以将班级幼儿的家访工作按照两条线索进行：一条线索是针对全班幼儿，将其分成小组，每个学期按照组别进行家访；另一条线索是针对特殊幼儿，如发生意外事故、生病长期请假等的孩子开展的临时家访。通过两条线索的配合，家访工作将变得更细致、更到位。

家访的流程（见图 2-27）比较简单，但是其中的工作要点并不少。

一是要与家长提前沟通，在尊重家长的基础上，确定家访时间。具体时间的确定，一方面要考虑到自己的工作实际情况，另一方面还要想到家长是否方便。教师可以根据学期初制订的家访计划，提前通过入园、离园时间，或者给家长打电话进行确定，如遇突发事件要将家访尽量安排在当天。确定好时间并与家长预约后即可进行家访。

二是要提前设计简单的家访方案。家访前，教师要对家访的内容进行简单的设计，有个预期的、粗略的方案。比如，此次家访有什么样的目的，内容主线是什么，家长需要配合什么工作等。这样不至于在家访中漫无边际地闲谈，而达不到家访的效果。

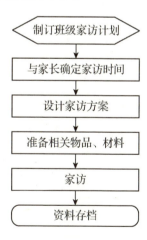

图 2-27 班级家访工作流程

三是要准备相关的物品及材料。家访时，教师可以准备一些需要填写的表格，如"新生的基本情况表""家访的家长反馈表""家访的登记表"等；可以为幼儿准备一些小礼品，或为生病的幼儿带一些水果等。

四是语言运用要恰当。家访中，教师的语言技巧很重要，一方面要做到和气、温暖、委婉，另一方面也要推心置腹地向家长提出一些帮助孩子更好成长的方法和策略，提升家访的效果。

五是做好家访记录，及时反馈。家访结束后，教师要把家访的经过、对今后如何采取更有效的教育方法的设想、对幼儿尝试使用新方法的打算记录在"家访记录表"（见表 2-14）上；根据孩子在园内的一日生活表现，结合家访中了解掌握的资料，对孩子重新分析评估，制定新的教育方案和措施，不失时机地对孩子进行深化教育。最后，教师要把这些信息放到《幼儿成长手册》中，将其作为施教的依据，制订将来的教育计划，并将这些计划和配班教师进行分享，注重教育的延续性和统一性。

表 2-14　家访记录表

家访时间	××××年×月×日	家访对象	畅畅	女	3 岁
家庭住址		班级	中(2)班	家访教师	朱老师 吴老师 滕老师
家访目的	幼儿入园刚一周，分离焦虑较为严重，帮助她尽快适应幼儿园的生活。				
幼儿在园情况	从新生入园体验的第一天开始，该幼儿就比一般的小朋友更加依赖家长，在亲子活动时从不松开姥姥的手。正式入园后，早上往往要经历半小时的与姥姥分离的时间。之后，一整天都在哭，毫不关心教师组织的活动，甚至连小朋友喜欢去的淘气堡都不感兴趣，只是哭。这样的情况连续了一周。				
幼儿在家的表现及教育环境	幼儿从小是由姥姥带大的，姥姥是个很细心的人。幼儿在家吃饭和午觉的时间有规律，性格开朗，情绪变化快，自尊心强，但是接触外面的环境少，不爱与小朋友进行交流。请教师帮助她建立友好的同伴关系。				
家访过程	①了解孩子的基本情况（性格、喜好、家庭教育环境等）。 ②向家长详细地说明孩子在园的情况。 ③同家长分析出现这种情况的原因，并找到相应的解决方法。 ④介绍一些关于幼儿分离焦虑的理论与经验。 ⑤对幼儿进行耐心的引导，让她逐渐熟悉教师，并送小礼物给她。				
家长需要配合的工作	①家长在送孩子时尽量快速离开，减少与孩子磨蹭的时间。 ②经常与教师交流孩子最近的表现。 ③在家时多带孩子接触外界环境，让她多与小朋友在一起。 ④多给孩子鼓励。				
家长的意见和建议	孩子对周围环境的喜爱带有明显的选择性，希望教师能够耐心帮助孩子，使孩子尽快度过分离焦虑期。				

第五节　协调化的活动策划

《幼儿园教育指导纲要（试行）》指出："幼儿园应为幼儿提供健康、丰富的生活和活动环境，满足他们多方面发展的需要，使他们在快乐的童年生活中获得有益于身心发展的经验。"大型活动作为幼儿园的一门综合课程，在尊重幼儿身心发展规律和学习特点，关注幼儿经验，引导幼儿在生活和活动中生动、活泼、主动学习的基础上，为幼儿的健康成长提供了综合、整体的教育生活环境。

在知识竞争越来越激烈的今天，幼儿园为了更好地生存与发展，不断推陈出新，增强自身的竞争实力。幼儿园大型活动能够充分利用各种教育资源，与家庭、社会密切合作，成为幼儿园有效宣传的重要形式。一个成功的大型活动，除在幼儿整体素质发展上有很强的激励作用之外，它还是家园联系的一座坚实的桥梁，是幼儿园品牌文化与竞争实力在社会价值体现中的一张有效名片。

一、幼儿园大型活动的内涵

幼儿园大型活动是指有目的、有计划、非个别班级师生参与的、具有一定规模的教育活动。协调，从词面上来解释，就是同心协力、配合适当的意思；从管理的角度来解释，就是处理好各方面的关系，使每个部门、每个人能够同环境、组织协同一致、相互配合，共同朝着既定目标，高效率完成工作任务的过程。

幼儿园的大型活动可以分为不同的类型。

根据其活动目的可以分为：节日欢庆活动，如六一、国庆节、妇女节、劳动节、建军节、元旦等节日，还可根据本园实际，开展开园典礼和园庆活动，欢庆属于幼儿园自己的节日；园本特色活动，如评选活动、艺术节、科技节、玩教具展等，向社会、家长展示园本特色；体能锻炼活动，如运动会、远足、春游秋游、亲子体能活动等；对外宣传活动，如走入社区，宣传幼儿园教育理念的活动，参加社区组织的广场文化活动，与媒体或外界团队合作的活动等；爱心公益活动，如义卖、心系盲聋哑孩子、关爱福利院老人等。

根据其活动形式可以分为：歌舞表演式的传统活动，以歌舞、才艺表演为主，挖掘孩子的艺术潜能，提升孩子的自信心、艺术表现力和与同伴的合作意识；亲子参与式的常规活动，邀请家长参加幼儿园的活动，与孩子一起表演、制作玩具等；人际交往式的联谊活动，如年级运动会、与聋哑学校的孩子手牵手等；集体课程式的主题活动，如传统文化与家乡文化主题系列活动等。

幼儿园大型活动共有三个特点：一是鲜明的目的性。幼儿园大型活动是幼儿园艺术特色的展现，是家园联系的纽带，是社会宣传的窗口，具有很强的目的性和目标性。二是周密的计划性和操作性。幼儿园大型活动参与的主要对象是幼儿，因此，策划应针对幼儿身心发展水平、无自我保护能力等特点，制定得周密、详尽而具体，专人负责，责任到人。三是社会化与传媒性。众多人参与是大型活动重要的概念。但是也并不是说参与的人少就不能归于大型活动，里面还涵盖一个有关活动的社会化程度问题。也就是说，如果活动的社会化程度高，获得了很多来自于社会不同层面的人员共同参与，即使人数较少，也应该被确认为大型活动。

二、大型活动的实施

一般情况下，幼儿园大型活动的组织分为三个环节：活动策划、活动实施、活动总结。在活动策划这一环节中，幼儿园管理者需要做以下事情：一是制定活动方案，包括活动形式和内容、需要的物质准备、时间安排、人员分工、参与活动人数；二是经费预算与成本控制，包括自筹、上级拨款、赞助等形式；三是宣传，幼儿园通过家长会、校讯通平台、幼儿园网站发布公告以及海报宣传等多种形式，让所有的家长了解活动的内容和意义；四是做好其他准备，如气氛渲染、志愿者、协助服务等。

在活动实施这一环节中，幼儿园管理者最需要进行考虑的是活动中的安全问题。因为再好的活动，没有"安全性"做保障，都将付出惨痛的代价，因此安全性原则是幼儿园大型活动策划应遵循的最根本原则。它要求幼儿园在设计活动时要一切从实际出发，预测可能的意外情况，确保安全。比如，检查场地、器材、道具的安全，活动中内容和形式的安全，教师的安全意识，以及其他可能发生的安全问题，如果发现存在安全隐患，应立即调整方案甚至取消活动，也决不能抱有侥幸心理。

在活动总结这一环节中，幼儿园管理者要做好对本次大型活动的梳理、总结与宣传。任何一次大型活动的举办，都倾注了园领导、教师、家长们的心血，因此，活动后的总结、整理、反馈非常重要。

总结是以班为单位全方位地进行总结反思，包括活动的内容，幼儿、家长、教师在活动中的表现，完成的情况等，并通过不同的形式进行互相交流，达到共同进步的目的。教师要做好资料归档、物品整理工作，保留活动资源。

整理即活动的物品由专人负责检查、监督整理归位，防止资源流失，并方便以后活动时使用。

反馈即通过宣传橱窗、楼道主题墙、网络发布及时展示孩子们活动的照片、视频、教师写的活动情况等，展现活动的轨迹，让家长和社会了解幼儿园和孩子在园的情况及孩子在活动中的表现，让家长感受活动的价值。

◯ 三、大型活动中不同人员的协调化配合

我们知道，每一次大型活动的成功组织，都会倾注一个团队的心血和智慧。它的实施需要很多人员与部门的参与，绝对不是个人能独立完成的。流程是把组织中角色的各种关系按一定的逻辑顺序和规则连接起来完成组织目标的过程，也就是多个相互独立的角色为完成共同的目标，协同工作的全过程。人是整个活动的主体，明确了流程中的角色定位，责任、职能、决策也就相继确定了。资源、目标、信息和组织规则才能在流程中发挥作用，真正实现角色明确、职责分明、高效协调。

表 2-15　某园班级外出活动角色定位及分工明细表

所属部门			角色		职责	具体内容
管理人员	行政人员	园级领导	园长		活动统筹；应急事件处理	①了解全园外出班级情况。 ②知晓本次活动的主要目的和班级活动内容。 ③了解本次活动的外出地点和活动范围。 ④了解本次活动的行程路线、跟随人员、安全保障等一切内容
			教学副园长		活动组织；活动安排	①做出活动计划。 ②联系地点和车辆。 ③带领教师和安全人员进行踩点。 ④对班级做详细的活动安排。 ⑤做出活动总结
			后勤副园长		安全管理；后勤保障	①向所属相关部门做出工作安排。 ②将安全建议向上级领导反馈并监督执行。 ③督导安全、保健、食堂工作。 ④协调班级与其他部门的配合
		中层领导	主任		协助园长完成活动组织；	①活动组织，人员分工，保证流程顺畅。 ②处理应急事件，协调各环节。 ③在需要的时候协助班级工作
			干事		协助班级对孩子进行保护	

续表

所属部门	角色		职责	具体内容
	行政人员	教学行政	协助班级对孩子进行教育和保护	①确定所在班级,掌握班级幼儿人数并随时清点。②明确所在班级的活动内容、目标,配合班级教师做好室外活动
		后勤行政		
班级	班级教师	班主任	班级整体活动安排,包括上传下达	负责全体教师和幼儿的安全、所有外出事宜,以及回来后进餐、如厕等生活环节
		主班教师	教育活动的组织	在保障幼儿安全的前提下,负责本次活动的全部课程,包含所需教具、音乐、课程环节及与其他班级的互动内容
		配班教师	班级保育工作	①在保障幼儿安全的前提下,负责幼儿活动间歇的餐饮、自由活动的范围、互动活动中的班级往来、活动后班级人数的定时清点。②整个活动中孩子情绪、精神状态、气色的变化。③上下车幼儿的安全保障
后勤部门	安全管理人员	后勤主任	安全保障直接负责人	①活动前踩点并提出安全建议,包括不可靠近和逾越地带。②检验车辆性能、司机状况、沿途路况,做好幼儿上下车安排。③联系交警对重点路段设防。④对安全员、门卫、保安等人员做具体工作分工
		门卫保安	幼儿出入时的安全保障;活动场地的安全维护	①指挥和疏散车辆,做好幼儿通行路线的护卫。②协助幼儿上下车辆。③关注周边情况,阻挡可疑人员
	后勤保障	保健医生	健康指导;突发疾病应急处理	①知晓本次活动目的,了解运动量大小,向教学管理人员提出安全保健的建议。②确定急救地点并负责通知所有班级。③随时关注周边班级情况,遇到突发情况能第一时间及时处理。④协助班级做好返程,并在最后清点遗落物件
		食堂班组长	结合活动做好膳食营养及开餐时间调整	①了解活动外出时间和外出的班级、人数,关注返回时间。②根据活动安排调整开饭时间,提前做好饭菜保温工作。③根据活动量调节营养量,制定合理食谱

协调化幼儿园大型活动在流程管理的保障下顺利开展，是团队用心编织的成果，是个人、部门、组织之间智慧的碰撞与和谐，收获的是团队的成长与管理的规范、高效与成功。

案例6　某园春游活动方案

一、活动班级

大、中、小班幼儿

二、参加人员

总负责人：×××

组织者：×××

参加班级：×××

安全管理员：×××

保健医生：×××

班级安全员：×××

三、活动时间、地点、班级

时间：4月18日上午；地点：桂柳仙庄；幼儿：大班。

时间：4月19日上午；地点：植物园；幼儿：中班。

时间：4月20日上午；地点：植物园；幼儿：小班。

四、活动场地（或区域）的基本状况

植物园前门通道较开阔，公园内宽阔无危险物品，无危险隐患。

桂柳仙庄入口通道宽阔，有停车场地，但桃树较低，提醒教师注意保护幼儿。

五、活动目的

组织幼儿春游，是幼儿园每年例行的幼小衔接活动内容之一，让幼儿在大自然中，观察树木、花草的变化，进而了解不同的季节特征，在亲身体验中，丰富相应的知识经验，具有多种潜在的教育价值。

六、活动准备

①选择天气稳定的期间，通报各领导、相关部门提前踩点、联系车辆、与当地负责人取得联系，排查场地隐患，核实、检查所用车辆的手续，车况保证安全。

②提前做好安全预案，并安排相关人员（教学、后勤）做好各项准备事宜。

③提前一天召集外出班级班主任开会，提出外出注意事项，明确外出活动安排，进行安全教育、统一教师着装。班级教师提前通知家长，说明活动时间、目的和要求。

④班级安全员（由有经验的行政教管人员担当）协助班级教师做好班级安全工作，处理好临时突发事件。

⑤向幼儿进行安全等相关教育。

⑥保健医生做好相关药品准备。

七、活动内容

①要求班级幼儿 8：30 之前于园门口准时集合，安全员协助教师清点人数，有序上车。

②跟随教师到指定场地有组织地游玩。

③参观结束后，10：40 准时集合。班主任清点本班幼儿人数，汇报活动负责人，按负责人分配的车次有序上车，乘坐车辆返回。

④车辆回园后，安全员先下车以搀扶幼儿，先下一位班级教师接应幼儿，幼儿全部下车后，安全员上车做最后检查，确认无误后上报总负责人，方可离开。

⑤教师小结活动情况，写出活动反馈及建议。

案例7　春游活动组织环节要求

①选择天气稳定的期间，通报各领导、相关部门提前踩点、联系车辆，并做详细活动预案。

②提前一天召集外出班级班主任开会，提出外出注意事项，明确外出活动安排、安全教育、统一教师着装（园服、轻便鞋、不散发、不戴墨镜）。

③按照规定时间要求，准时集合，班主任清点本班幼儿人数，汇报活动负责人并填写人数签到表，按负责人分配的车次有序上车。

④将所用车辆编号，用醒目标示张贴于车头，同时注明所乘班级（确定最大车辆）；统计班级人数，根据班级人数调配幼儿上车。

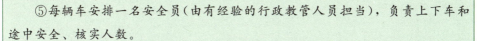

⑤每辆车安排一名安全员（由有经验的行政教管人员担当），负责上下车和途中安全、核实人数。

⑥活动总负责人尽量乘坐第一辆车并最后上车。

⑦车辆全部起程后，活动负责人向园长汇报此次外出总人数。

⑧参观结束后按规定时间准时集合，班级教师清点人数，安全员核实本车人数汇报负责人，经认可后乘坐原车辆返回。

⑨车辆回园后，安全员先下车以搀扶幼儿，先下一位班级教师接应幼儿，幼儿全部下车后，安全员上车做最后检查，确认无误后方可离开。

⑩活动总执行人核实最后结果，上报园长返回人数。

注：相关负责人和班级教师要互存电话，随时保持联系。

第三章 行政管理流程

流程管理是要规范幼儿园一切工作人员的行为，提高大家对幼儿及家长的服务质量。通过以上章节的阐述，我们不难看出，流程管理在教育教学中发挥着重要的积极作用。在实际工作的实施过程中，行政后勤工作同样也需要根据幼儿园的具体情况，通过应用流程使工作人员的各种行为更加规范化，服务更加到位，以便更好地为教育教学提供优质服务。

第一节 科学化的膳食管理

学龄前儿童正处于生长发育的高峰阶段，热量及各种营养素的需要量大大增加。如果幼儿长期缺乏某种营养素或供给热能不足，不但影响其生长发育，还可能引起疾病。因此，合理组织幼儿膳食，是托幼机构卫生保健中的重要环节，也是保证幼儿身心健康的物质基础。

一、稳中求细，科学制定食谱

婴幼儿的消化系统功能尚未健全，胃肠功能较弱。所以针对此特点，幼儿膳食的制作要求不同于成年人，特别要求饭菜细、烂、软，既要保证幼儿全面的营养供给，又要充分均衡，力求各营养素比例合理。目前绝大多数的幼儿园都采用了"带量食谱"，结合幼儿的心理特点，做到多样化，主食粗细搭配，菜肴荤素搭配、口味甜辣搭配，以充分满足幼儿对菜肴色、香、味的心理要求。但是，如何制定并实践一份科学合理的幼儿食谱，如何保证幼儿在园三餐既吃的健康安全，又营养全面，已经越来越受到家长和幼教同人们的重视。

(一)带量食谱由谁制定

案例 1　孩子们爱吃就可以了吗

某园新聘了一个厨师长，他在其他幼儿园工作了多年，具有非常丰富的幼儿膳食经验，对幼儿的饮食偏好也非常了解。因此，园长就把幼儿食谱的制定和操作完全交给了这位厨师长，让他根据自己的经验去完成工作。

周一，园长到班上进行巡视，看到一日三餐中，每个小朋友都吃得特别香，就连班上的教师也都夸新来的这个厨师长做的饭菜色、香、味俱全，孩子们喜欢得不得了。

周二，园长又到班上去巡视，发现孩子们的三餐竟然和周一的完全相同。周三也是这样。

这样的情况让园长很是恼火，她把厨师长叫过来进行询问。厨师长很委屈地说："你看孩子们多爱吃呀！只要他们喜欢吃，能吃饱、吃好不就行了吗？"听了厨师长的辩解，园长除了感到哭笑不得之外，也开始认真思考幼儿"带量食谱"的制定问题了。

俗话说："外行看热闹，内行看门道。"没有在幼教行业工作过的人普遍认为，幼儿园的食谱就是简单地安排一下幼儿一日三餐吃些什么，谁修订食谱都无所谓，只要能让孩子一日三餐吃饱就行了。

可是问题并没有那么简单。在幼儿园制定合理的"带量食谱"，要遵循"全面、平衡、适量"的膳食标准。只有这样才能有效地保证幼儿的健康成长。而"幼儿爱吃、喜欢吃"只是饭菜制作质量的一个要求，并不是评价膳食科学的最主要标志。

这里面所提到的"全面"，是指食物中各种营养素(蛋白质、脂肪、碳水化合物、维生素、矿物质、水和膳食纤维等)的全面供应；"平衡"是指能量和各种营养素之间以及营养素相互之间的比例合适；"适量"是指各种营养素的数量既不欠缺又不过量，且幼儿能接受。

遵循这些标准而制定出来的"带量食谱"，是一份能满足幼儿对能量和各种营养素需要，平衡膳食的科学配方，其中包括食物种类、数量、用餐时间及烹调方法。幼儿园通过对"带量食谱"的操作，给予幼儿平衡的膳食，供给其生长发育所需要的各种营养成分，保证幼儿每日都能按比例摄入营养，从而帮助幼儿更加健康地成长。

鉴于以上对"带量食谱"的阐释，可以明确这样一个概念，那就是"带量食谱"的制定是非常科学、严谨、规范的，并不是随便一个人就能完成的，需要制定人员具有相关的知识构成和技术素养。因此，一般情况下，这项工作大多由幼儿园中具有营养师资格证的保健医生来完成。

正是因为保健医生具备一定的营养知识，掌握三餐制定的搭配原则，并具备科学计算幼儿每月或每季度营养分析的能力，能够通过科学的分析，对营养素达标水平进行测算，有效地指导食谱的制定。

1. 食谱制定时要与伙房负责人沟通

案例 2 红豆米饭缘何变成了绿豆米饭

一阵急促的电话铃声打断了保健医生的体检工作，园长在电话那头追问："我想知道今天的晚餐到底是红豆米饭还是绿豆米饭？!"保健医生调出食谱，查看后告诉园长："应该是红豆米饭，怎么了？"园长说："那你到班上看一看，到底让孩子们吃的是不是红豆米饭？"

保健医生来到班级，发现食谱标明的"红豆米饭"确实已经变成了"绿豆米饭"。她对伙房"更改食谱"的背后原因也并不了解，故急忙找到厨师长询问原因。

原来，食谱上标的"红豆米饭"厨师长是清楚的。但是，由于最近食堂库房没有进购红豆，而前段时间进购的绿豆还存储很多，厨师长害怕绿豆变质，就自作主张把"红豆米饭"改为"绿豆米饭"了。

听了事情的来龙去脉，园长也非常理解厨师长为园着想的心情，但是同时也提出来，以后保健医生在制定食谱的时候，一定要提前与伙房负责人进行沟通。这样既能保证幼儿园各种现有食材的充分利用，又不会造成食谱与真实饭菜的不符，避免引起教师的误会和家长的不满。

以上的案例中，发生问题的原因是保健医生在制定食谱的过程中，只考虑了食谱的科学合理性，没有考虑伙房是否存有相关食材；而厨师长在操作的过程中，只想到了存储的绿豆不能浪费，却没有顾及幼儿的膳食一定要严格遵循"带量食谱"进行操作。他们之间存在的主要问题就是没有进行详细的沟通，从而造成幼儿饭菜与食谱不符的问题发生。

因此，幼儿园在制定"带量食谱"的时候，除了要遵循"全面、平衡、适量"的标准，还要在此基础上，与食堂人员进行沟通，以便更好地利用现有食材，避免无谓的浪费。一是在食堂库房管理中，大家可以实施"先进先出"的原则，即采购的食品、原材料都需要尽可能地保证及时使用，不进行长期保留；二是保健医生在测算出各种食物的营养结果后，如果需要添加的食品原料在食堂库房中没有，要及时反馈给食堂库房负责人，让其尽快购置，以免耽误伙房"带量食谱"的执行。

2. 食谱制定要量入为出、精打细算

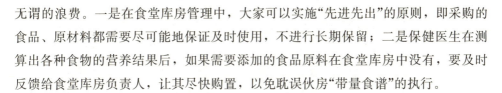

最近一段时间，由于天气变冷，很多幼儿因感冒发烧没有来园。到了吃晚饭的时间，保育员刘老师对食堂的王师傅说："今天孩子来得比较少，这一盆米饭吃不了，还是舀出去一部分吧!"王师傅说："没关系，孩子吃不了，你就剩回来吧!"听了王师傅的话，刘老师没有说什么，就把一盆米饭搬到班上去了。

果不其然，孩子们都吃饱了以后，刘老师发现盆中还剩下了很多饭，大概有小盆的三分之一那么多。根据幼儿园的规定，所有剩下的饭菜必须要返回伙房，是不允许教师私自处理的。于是，刘老师就把米饭送回伙房。

刚进伙房门口，刘老师就发现其他的保育员教师也把很多剩余的白米饭送了回来。她们都把剩余的米饭交给了另一位伙房工作人员郭师傅来处理。只见郭师傅很熟练地接过小盆，顺手就把白白的米饭倒进旁边的泔水桶里。刘老师年纪比较大，也勤俭惯了，她说："咦! 这米饭是干净的，怎么就不要了呢! 多可惜呀!"可是郭师傅说："幼儿园是不允许小朋友吃剩饭的，这些米饭剩下了，就只能倒掉了，浪费也没有办法。"

"带量食谱"里面提到了一个"量"字，其不单单指各种营养素的数量既不欠缺又不过量，也指全园所有幼儿的膳食是带"量"的，即做出来的饭菜既不能不够也不能剩余太多。很显然在本案例中，伙房工作人员的做法就没有完成"带量下锅"的要求，其中也不乏存在保健医生在制定"带量食谱"时，没有考虑到幼儿出勤人数的问题。

一些幼儿园的《幼儿园管理办法》中明确指出："伙食费要专款专用，每月伙食费的盈亏不得高于1%。"由此，大家可以明确，幼儿园的伙食费用支出并不是没有限制的，其不但要求财务人员参与，根据幼儿出勤和伙食费的收支情况对食谱成本进行核算，还要求伙房工作人员务必根据当日的幼儿出勤情况带量操作。只有这样，才能精打细算，既让幼儿吃好、吃饱，又不会产生没有必要的浪费。

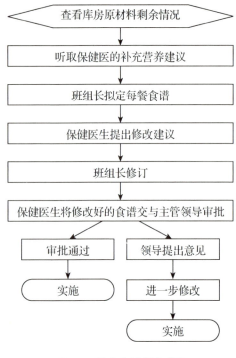

图 3-1　幼儿食谱制定流程

（二）带量食谱的制定

带量食谱的制定以保健医生为主体，在主管领导和食堂工作人员、会计人员的共同参与下完成（见图 3-1）。首先，保健医生会结合食堂库管员查看库房剩余原材料的情况，合理搭配，应用到下周食谱中，避免产生过期和浪费的现象。食堂班组长听取保健医生在营养分析的基础上给予的制定建议，结合季节特点等情况，制定初级食谱。

其次，保健医生对制定好的食谱给予评价指导，保证各项营养量达标，并且不超标，对不合理的地方提出建议，同班组长对食谱做进一步修改。

再次，保健医生审批后将食谱报给主管领导审批，审批时领导会向会计了解伙食费的支出情况，保证均衡，然后开始实施；审批时发现的不合理之处，进行调整后开始实施。

最后，修订与改进膳食情况调查完成后，保健医生会从中查找不足，及时了解某种营养素缺乏的原因。比如，幼儿钙的摄入量低是托幼机构膳食中普遍存在的问题。为了解决这一问题，厨师可以在做面食时在面粉中添加碎虾皮和牛奶，让幼儿在喜欢的同时，提高钙的摄入量。

二、稳中求严，把好食堂进口关

食堂工作是幼儿园后勤管理工作中极其重要的组成部分。常言道："民以食为天，食以安为先。"幼儿的饮食安全一直被视为后勤乃至幼儿园工作的重中之重。

（一）责任明确，把好采购验收关

采购、验收工作是食堂管理工作中的重中之重。它要求采购员和验收员必须具有高度的责任感和事业心，认真履行岗位职责，严格执行采购验收制度和工作流程，对购进的所有货物做到严把"三关"——采购关、验收关、炊事员检验关；严验"五证一票"——送货商家营业执照、食品流通证、健康证、畜肉类要提供随批次的肉品品质合格证和检验合格证、冻品提供随批次的检验合格证、超市供货要提供水单发票;严检"两期"——生产日期和保质期,特别是鱼肉类食品原材料,要由食品管理专业人员进行现场检测把关,严格执行出入库及验收工作,按要求建立健全"餐饮业出入库台账"。

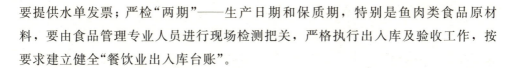 **案例4 一桶油的争吵**

食堂传来一阵嘈杂声,菜案班和验收员起了争执。原来幼儿食谱上安排幼儿吃"红烧龙利鱼",因为前一天,菜案班长忘记了向采购员申请备货,园内存储的食用油不足。为了不耽误幼儿进餐,采购员临时从附近一个摊点购买了一桶食用油,但是验收员以此油临近到期为由拒绝验收,从而造成争吵事件的发生。管理人员了解了事情缘由后,肯定了验收员的做法,并提醒菜案厨师把"红烧"改为"清蒸",从而平息了一场风波。

案例5 验收合格的带鱼

一阵急促的电话铃声传来,验收员请管理人员速到食堂,解决一个棘手的问题:一早在采购、验收带鱼的过程中,他通过查看,发现所购的带鱼质量都没有问题,但是,在菜案人员炸完带鱼后,他感觉味道不正常,闻起来有异味,怀疑带鱼可能已经变质。管理人员了解情况后,立即要求采购员联系商家进行核实,退货处理,并及时调整了幼儿食谱,以保证午餐的顺利进行。

从以上案例不难看出,一项貌似简单的验收工作,如果考虑不周,把关不严,任何一个环节出现问题,都有可能造成严重的后果。因此,幼儿园在食材验收的过程中,应该制定相应的验收流程(见图3-2),以确保食品及食材的安全性。

在本流程中,面案、菜案班长需要根据本周食材及辅料实际用量估算下周用量,再向组长提出用量申请,组长审核后针对库存量进行调整。采购员根据调整后的用量进行采购。货物送达后,进入验货区备检。验收员根据采购凭证对货物进行质量和数量的检验。经验收合格的货物登记并及时入

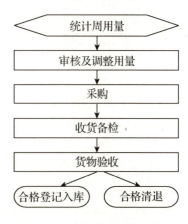

图3-2 食堂采购验收流程

库，不合格的货物马上清退。

另外，食材登记入库后，其实并没有真正完成验收的全部过程。例如，上面提到的第二个案例中，带鱼在登记入库后就进行了前期的烹制准备，不存在储存变坏的问题。这样的事例说明有些食材不是靠感官就能发现其存在的问题的，在最后的操作环节还需要炊事人员的把关。

(二)规范操作，严格工作流程

在操作过程、食品加工、餐具消毒等管理流程上，必须坚持按照严格的工作程序规范操作，将责任制落实到每一个人，各个流程环节的管理人员要各司其职，使规范的操作流程成为每一个员工自觉遵守的行为准则。

1. 库房管理工作流程

库房管理作为食品原材料的基地，对库房环境有明确的通风、温度、湿度的要求。另外，库房物品的摆放要整齐，食品储存要分类、分架、离地存放；管理人员要定期检查、及时处理变质或超过保质期限的食品，做到手续完备、标签清楚、干净整洁。

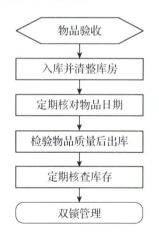

图 3-3　食堂库房管理流程

验收员要严格验收需要入库的物品，分类并按日期先后有序存放；定期核对物品生产日期和保质期；出库前，查验库存物品的质量，观察有无变质或损坏；库存物品变更时，要核对出入名称和数量；注意及时了解食谱内容，库存不够的需要提前告知采买人员进行备货；必须对出库、入库实行双锁管理，即有两把锁，由两名管理者共同管理，以保证食材使用的安全性。（见图 3-3）

2. 食品留样工作程序

餐点留样是食堂管理不可或缺的重要部分。因为它不像餐饮制作那么直观，容易让人忽视或不能引起人们足够的重视，会出现未留样、无记录等现象。有的幼儿园为了应付上级检查匆匆了事，就会出现漏留或漏记的情况。

案例6　孩子吃坏肚子谁之过

某日，某园同一个班级同时出现了四五个孩子闹肚子的现象。教师怀疑他们在幼儿园吃坏了东西。主管领导在第一时间内向上级部门进行了反馈，同时去食堂查看当天饮食的留样情况。通过检查，主管领导发现食堂人员竟然在餐后忘记留样了，主管领导马上意识到事件的严重性，因为没有留样，就没有证据能够表明幼儿园的食物是安全的。

主管领导在心急如焚的情况下，再次返回到班级，与教师和幼儿家长进行了深入的沟通，才发现孩子闹肚子是另有原因。原来这几个孩子中的其中一个前一天过生日，他把几个好朋友都邀请到附近的餐馆吃饭，菜中包含了一盘过夜的煮花生。有一个家长当时就觉得这盘花生有点馊味，但是看孩子们很喜欢吃，就没有太在意，没想到让孩子们把肚子吃坏了。

听到家长的叙述，伙房主管领导松了一口气，她提醒家长要注意孩子们的饮食安全后，也对本园的食品留样工作的重要性有了更深入的认识。

在本案例中，孩子们闹肚子虽然不属于食物中毒事件，但也给大家带来很多的反思。试想一下：如果不是因为家长能够回忆起事情的缘由，那么幼儿园因为未留样的失误，如何给上级行政部门和医疗部门提供可靠数据，利用留样内容分析菌株性质并对幼儿进行针对性的治疗呢？如果想得再严重一些，有多少鲜活的生命因食物中毒被剥夺呢？所以，流程一旦形成，必须要严格要求各个环节无一例外地执行与落实，不容半丝懈怠与忽视，食品安全工作尤甚。

因此，幼儿园制定"食品留样工作程序"（见图 3-4）就显得尤为重要。食品留样工作要求是：

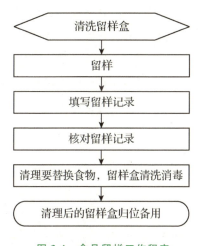

图 3-4　食品留样工作程序

食品量至少 100g/份，时间是 48 小时；在始末的环节还要注意对留样盒进行消毒；样本在进入消毒柜前要进行自然降温，防止因热气入柜产生大量水蒸气；认真填写留样记录，包括留样时间、留样内容、留样人、清理时间；根据留样记录核对留样内容等。

3. 食堂开放性活动工作流程

为了适应幼儿的全面发展，促进其适应社会的能力和生活技能的提升，幼儿园内组织的教育教学活动内容应形式丰富，如亲子活动、外出活动、生活体验课

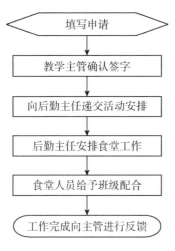

图 3-5　食堂开放性活动流程

程活动区的设置与使用等。这些活动大多由班级教师进行组织，同时也需要食堂提供后方的保障。班级工作与后勤工作的联系也因此越来越紧密。

比如，班级在组织幼儿参与生活体验课程时，有可能会用到多种食材教给孩子制作各种食品，这时候就需要食堂给予支持。但是，如果食堂没有班级急需的原材料，就可能会影响到教育效果，阻碍教学活动的有效实施。因此，针对这样的活动，食堂人员也有必要生成一种新的工作流程，来保障双方工作的顺利开展。（见图 3-5）

活动组织者要提前一周填写"活动申请表"。教学主管需要协调各个班级活动的内容，确认并签字。教学领导提前（最少 3 天）将活动安排告知后勤主管。后勤主管安排好人员和设备、材料的准备工作。食堂人员按时配合班级活动（这种配合除食材的准备外，有时还会需要人力和技术的支持）。活动完成后，食堂人员向后勤主任进行活动反馈。如果有照片资料，要进行存档，延伸教育意义。

（三）加大培训力度，为食品安全护航

案例 7　消失的保质期

某日，食品药品监督管理局（以下简称食药监局）对某园的食堂管理进行定时检查。在检查幼儿午点时，食药监局人员发现，幼儿独立包装的小点心上没有印制生产日期和保质期。对此，食药监局人员提出质疑，验收员急忙找来了装有小点心的大外包装箱，并指出上面的生产日期和保质期。食药监局人员对食品验收要求进行了解释，要求所有独立包装产品上标明生产日期和保质期，否则不符合正规出厂食品的要求。验收员听后受益匪浅，保证以后一定会注意这个细节。

从上述案例中我们不难看出，虽然验收员严格按照验收流程进行了验收，但是因为对《食品安全法》理解得不透，标准掌握得不牢，所以在验收环节出现了纰漏。

2015 年 7 月 1 日，我国新颁布了《食品安全法》，里面新增条款 50 多项，除了追究行政处罚外，更加大了刑法的追责，足见国家对食品安全工作的重视。作为一线的食品安全管理人员，食堂每一名员工包括管理人员更是要熟知《食品安全法》的每一项具体的要求和标准，从自己开始，做到知法、懂法，才能保证做到不违法、犯法，从而真正为幼儿的身体健康护航。

第二节　标准化的安全管理

安全管理是幼儿园管理工作的一个重要组成部分，它在整个幼儿园管理工作中占有重要的地位。孩子是祖国的希望和未来，为他们提供一个安全、健康、舒适、温馨的生活环境，让他们幸福、快乐、自由地成长和发展是幼教机构同仁的责任。

一、安全意识，预防为主

虽然《幼儿园教育指导纲要（试行）》中指出，"幼儿园必须把保护幼儿的生命和促进幼儿的健康放在工作的首位"，但是据统计，近些年来，我国 5 岁以下的儿童，无论是城市还是农村，意外死亡均是第一死因，意外伤害已成为影响幼儿健康成长的第一杀手。

这些意外伤害事故大致有七种类型：一是校车伤害事故。比如，2011 年 11 月 16 日，甘肃某县一辆运煤翻斗货车与某幼儿园接送幼儿的超载面包车相撞，造成 21 人死亡，43 人受伤。二是社会安全事件。比如，2004 年 2 月 27 日，一名 30 多岁的瘦小的中年男人怀揣 3 件凶器闯进河北某幼儿园行凶，导致 2 人死亡，1 人受伤。三是校舍设施伤害事故。比如，2003 年 8 月 27 日，河南省一所家庭幼儿园（非法）因邻居废弃房屋倒塌，当场造成 3 死 8 伤（其中 1 名教师受伤）的严重后果。四是自伤、互伤、走失事故。比如，1997 年 4 月 28 日，不满 5 岁的朱某在幼儿园摔了一跤，教师随即带他到医院检查，发现朱某右肱骨髁骨骨折。后虽经医院治疗，朱某的右膀关节仍失去功能。五是教职工伤害事故。比如，2007 年 3 月，北京丰台区一名幼儿被教师体罚后，行为严重异常，家长带其到医院进行治疗，被诊断患上了一种严重的精神疾病——创伤后应激障碍。六是食物中毒及公共卫生事件。比如，2015 年 7 月 22 日，银川市某中心幼儿园因食堂卫生问题，导致该园 182 名幼儿出现细菌性痢疾的暴发。七是其他伤害事故，包括火灾、水灾、地震等自然灾害。比如，2001年6月5日，江西南昌市某幼儿园燃烧的蚊香引燃被褥，发生特大火灾，13名全托幼童葬身火海，全国震惊。

血淋淋的事例让我们痛心疾首的同时，也在提醒所有从事幼儿教育的工作者思考这些事件背后的原因。通过对这些事件的了解，大家不难发现，所有这些事故的起因，都是工作人员的疏忽和不作为造成的。他们的一时大意，给这些幼小孩子的精神、身体，乃至生命带来巨大的伤害，给社会、家庭带来严重的创伤。

因此，我们呼吁广大的幼教工作者们，如果大家的责任心再强一些，管理工作再做得到位一些，也许这些伤害事故就不会发生，这些身体被摧残、生命被掳走的孩子们也许还生龙活虎地生活在我们的周围，健康地走完他们幸福的一生。

可是，"世界上没有后悔药"，很多在安全方面颇有建树的专家提出："儿童的意外事故的发生与幼儿园的安全管理、教育以及家庭教育方式有紧密的关系，通过教育和预防，80%的儿童意外事故是可以避免的。"所以，在幼儿园内部实施"幼儿意外伤害事故预案"，面向全体幼儿及家长开展相关的安全知识教育，开展各项安全预防演练，对保护幼儿生命安全是非常有必要的。

（一）设立"幼儿园设备设施排查流程"，保证校舍安全

《教育法》《未成年人保护法》明确规定，幼儿园建筑物和其他设施要符合标准，保证幼儿在园内的人身安全，如果明知校舍或其他设施有危险而不采取措施，造成人员重大伤亡的，将依法追究直接责任人的刑事责任。

幼儿园教育教学中，幼儿的游戏时间占有很大的成分，因此，与之相配套的教学设施也比其他教育机构更加丰富和复杂。在实际工作中，像滑梯、攀登架、小城堡、海洋球、蹦蹦床、秋千、跷跷板等大型玩具的检查与维护就显得非常重要。如果这些大型玩具年久失修，存在安全隐患，就很容易发生事故。

案例8 掉落的螺丝

户外活动时间到了，冯老师带着班级的幼儿来到操场。

操场上有一架大型玩具，虽然已经购置多年了，但是由于其功能比较齐全，仍是孩子们最喜欢的玩具之一。大家都跃跃欲试，想上去练练身手。

可是冯老师并没有马上让孩子们去玩，他一边让孩子们站在原地，让他们想想自己在玩玩具的时候应该注意哪些事项，一边围着大型玩具查看起来。

在查看的过程中，他在地上捡到一个很大的螺丝，寻找一番，发现是从滑梯与踏板之间的连接处掉落下来的，用手使劲摇晃滑梯，滑梯竟然动了起来。

看到这里，冯老师举起螺丝，对孩子们说："这个大型玩具的滑梯坏了，如果玩会发生危险，我们现在需要去找张叔叔对滑梯进行维修。"

孩子们同意了，他们和冯老师一起找来一块小黑板，写上"危险！"的字样，悬挂在明显的地方，并派了3个小朋友站在滑梯旁，对其他小朋友进行提醒，剩下的小朋友就和冯老师一起去找在维修室工作的张叔叔，请他把滑梯修好。

案例中的冯老师头脑中始终存有"安全第一"的意识，在组织幼儿进行户外活动时，最先要做的事情就是检查场地与设备的安全。正是他心中的这种责任感，才促使其发现了安全隐患，避免了安全事故的发生。

当然，在幼儿园中，除了设备设施会对幼儿造成安全伤害外，幼儿园内部校舍的不合理设计，也会对幼儿造成安全隐患。尤其是现今的幼儿园中，校舍以楼房占大多数，其中活动室、楼道、走廊、楼梯也都是幼儿容易出事故的地方。

案例9 伤人的厕所

小朋友们午睡起床后，大家穿好衣服，陆续如厕、洗手，准备吃午点。豆豆年龄比较小，当他最后一个起床后，其他小朋友已经坐在小椅子上开始吃点心了，而教师也正在忙着帮女孩子梳头。豆豆一个人进入厕所，可是他的腿脚比较软，也许是还没有完全睡醒，脚下一滑，摔倒了，头部磕到小便池上，顿时流出血来。教师急忙跑过去，询问是怎么回事，才发现是直角的小便池惹的祸。

虽然后来经过救治，豆豆的头部伤口没有大碍，但是却留下了一个永久性的伤疤。在很长一段时间里，每当教师看到豆豆头上的疤痕时，脑海里就会浮现出豆豆头部流血的情景，心里就会莫名地紧张起来。

过了几天以后，幼儿园对所有班级的小便池进行改造，全部将直角变成弧形，并对幼儿园其他场所进行排查，通过各种方式，杜绝直角的出现。

本案例中，由于幼儿园建筑设计中细节的疏忽，造成幼儿受伤。如果追究责任的话，幼儿园管理者负有不可推卸的责任。虽然在事件发生以后，幼儿园对相关的场所进行了安全隐患排查，杜绝了以后类似事故的发生，但是从豆豆这一个小朋友来讲，其受到的伤害却是永久的。

因此，作为幼儿教师，我们每个人都应该像案例中的冯老师那样，让隐患杜绝在萌芽状态；作为幼儿园管理者，我们应该尽早设立"设备、设施安全排查流程"（见图 3-6），定期对幼儿园的各种教育活动场所、安全设施进行检查，以保证幼儿人身安全，为其提供安全卫生的学习环境。

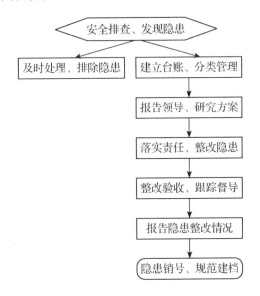

图 3-6　设施、设备安全排查流程

(二)设立应急预案，以备不时之需

为了在事故来临时，所有工作人员做到不慌张、不害怕，能够在第一时间里冷静、沉着处理事故，避免恶性后果的出现，一般来说，幼儿园都会根据自己的工作要求，制定不同的安全应急预案。

应急预案在幼儿园大概分为两种：一种是"自然灾害应急预案"；另一种是"活动安全应急预案"。其中，"自然灾害应急预案"是指在自然灾害来临时，为了规范紧急救助行为，提高紧急救助能力，迅速、有序、高效地实施紧急救助，最大限度地减少师生的生命和财产损失，而建立的紧急救助体系和运行机制；"活动安全应急预案"是指在开展各项大型活动时，为了避免意外安全事故的发生，最大限度地保护师生的生命安全而设立的救助体系。

案例 10 某园的自然灾害应急预案

为做好自然灾害应急工作，减轻自然灾害造成的损失，保障师生生命和公私财产安全，维护教学秩序稳定，我园根据有关规定，制定本预案。

一、本预案适用范围

自然灾害发生后，启动本预案。

本预案所称自然灾害，是指汛期上游泄洪、火灾、地震及其他异常自然现象造成的灾害。

二、应急机构及其职责

(一)幼儿园应急领导小组的组成

组　长：×××　　　　电话：×××××××

副组长：×××　　　　电话：×××××××

组　员：×××　×××

主要职责：

①统一领导幼儿园的救灾应急工作，协调解决救灾工作中发生的重大问题；迅速组建抢险先遣队，直接指挥抢险救灾。

②向市教育局报告灾情。

③及时掌握灾(险)情及其发展趋势，请求上级有关部门实施对口紧急支援。

④应急领导小组下设办公室、抢险行动组、安全防护救护组、应急通信联系组。

(二)办公室的组成及主要职责

组成：×××

主要职责：迅速了解、核实、汇总并及时向幼儿园领导报告灾情及已采取的措施，及时提出请求支援的项目和内容；贯彻落实市救灾指挥部的决定；灾害过后，上报救灾报告。

(三)抢险救援组的组成及主要职责

组成：×××　×××　×××

主要职责：抢救、转移被困师生，组织师生自救互救；抢救重要财物；配合有关部门进行工程抢救；在现场救灾指挥的统一领导下，及时调整抢险、抢救队伍。

（四）安全防护救护组的组成及主要职责

组成：

主要职责：提供所需药品和医疗器具；抢救、转运和医治伤病师生。

（五）应急通信联系组的组成及主要职责

组成：

主要职责：及时向上级部门报告救灾进展情况；经救灾小组领导研究，必要时申请援助。

三、灾情预警和处理

①根据有关部门提供的灾害预警预报信息，结合幼儿园所处地理位置，进行分析，及时对可能受到自然灾害威胁的部位做出灾情预警。

②根据灾情预警，自然灾害若可能造成师生伤亡和财产损失，人员和财物需要紧急转移安置，幼儿园应做好应急准备或采取应急措施。

③按照早发现、早报告、早处置的原则，及时发出预警，预测灾害将对幼儿园内的师生生命财产所造成的危害或损失，为领导小组决策和启动预案提供科学依据。

④领导小组根据灾情预警，决定是否需要师生休假和转移财物。

⑤重点监测部位：活动室、围墙、库房、厕所等。

⑥在汛期，幼儿园组成排查小组每天对重点监测部位进行排查，一旦出现情况，及时上报应急领导小组，以便及时做出决策。

四、自然灾害应急处理程序

①应急处理小组立即召集抢险救灾工作会议，通报灾情，宣布启动应急预案，进入应急期。

②办公室根据灾情及时向上级部门提出灾害趋势判定意见和应急工作建议。

③在应急处理小组的指挥下，各组按职责分工迅速开展工作。

④应急通信联系组保证灾害信息及时上报，灾情信息报告内容：灾害发生的时间、地点、背景，灾害造成的损失（人员受灾情况、伤亡数量、建筑物倒塌、损坏情况及造成的直接经济损失），已采取的救灾措施和需求；抢险行动组组织群众抢险自救。

案例 11　某园大型活动安全应急预案

为及时、高效、妥善地处置好幼儿园大型集体活动突发事故，坚持以人为本，预防为主，统一领导，快速反应，依法规范，协同应对的原则。保护师生的生命安全，维护社会稳定及园所安宁，特制定本预案。

一、领导小组

组　　长：×××

副组长：×××

成　　员：×××，参加活动班级的班主任、教师及保育员

主要职责：领导小组主要负责活动期间的日常事务，上传下达领导各项指示和工作要求。

二、应急小组

幼儿园成立活动应急工作小组和应急救援队，＿＿＿＿＿＿＿为组长（电话：＿＿＿＿＿＿＿），＿＿＿＿＿＿＿为副组长，＿＿＿＿＿＿＿等为成员。

组长全面负责全园师生的安全工作。副组长负责落实安全教育和具体安全工作，活动前召开安全工作会议，明确分工和各自职责，落实有关人员的安全责任，并督促相关人员做好安全工作。各成员一起做好幼儿的安全教育工作。班主任是本班幼儿安全的直接责任人。

三、职责

①各班主任为本班活动期间第一安全责任人，年级组长为本年级安全责任人。活动期间，班主任和配班教师不得离开本班幼儿，随时掌握本班幼儿情况，遇到特殊情况及时做好本班幼儿的疏散和控制，并向有关领导报告。

②活动负责人要及时做好整个活动的调度和控制，稳定好全体师生的秩序。行政条线、保育条线人员各就各位，不得擅自脱离岗位，随时负责安全、疏导工作。一旦发生事故应及时进行疏散，避免拥挤踩踏事故的发生。

③脱离事故现场后，各班主任、教师迅速维持好本班幼儿的秩序，整理好队伍，清点好人数，不允许幼儿擅自离开队伍；对没有到场的幼儿，要做好登记，并及时上报现场负责领导。

④副组长负责活动前预警、活动后上报、事故动态分析、组织安排人员救援、活动中事故的救援与处理等工作。

四、出现突发事件的处理办法

①班主任负责有序疏散人群。

②发生事故时，要用学到的安全知识进行自救，要组织人力及时抢救受困和受伤师生，确保师生生命安全，及时将事故上报主管领导。

③校园事故发生时，迅速了解、收集和汇总事故有关情况，及时向应急现场指挥部提供各种相关信息和资料；负责与事故现场指挥人员和教育局、市政府及卫生、公安等部门保持联系。

④视情况拨打110、120请求援助，并拉好警戒线保护好事故现场。

⑤组织事故损失、人员伤亡情况调查；评价、了解、汇总应急工作出动的救护人数，抢救伤员等情况。

⑥采取有效措施，做好事故善后处理工作。最后要查明事故原因，追究相关责任人。

五、相关事项

①坚持及时报告，及时处理制度。

②该预案如无特殊变化，将作为长期大型活动安全工作依据。

③本预案从颁发之日起实施。

通过这些预案的设定，在出现意外的情况下，每名工作人员都知道该向谁汇报，由谁来负责处理和指挥，把安全内容分配到班级，分块、分工到个人。这样，就能让每个工作人员都能清楚地知道自己的职责和责任，以防备不时之需。

（三）应用"火灾、地震演习流程"，丰富安全知识

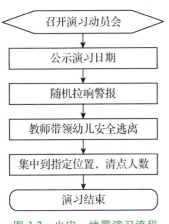

图 3-7　火灾、地震演习流程

《中小学幼儿园安全管理办法》中指出："学校可根据当地实际情况，组织师生开展多种形式的事故预防演练。学校应当每学期至少开展一次针对洪水、地震、火灾等灾害事故的紧急疏散演练，使师生掌握避险、逃生、自救的方法。"由此可见，开展安全演习活动不仅是必要的，而且是必需的。为此，幼儿园可以根据自己的地域情况，制定"火灾、地震演习流程"（见图 3-7），并带领幼儿根据流程参与演习活动，以丰富他们在灾害来临之时的经验，丰富他们的自救知识。在流程图中，大家可以看出幼儿园组织火灾、地震演习的基本步骤和环节，但是其中也包含很多细节，需要教师们进行关注。

一是在演习之前，教师要对幼儿进行相关的安全教育。比如，教师要提示幼儿，严格遵守活动纪律，在活动过程中，绝不允许随意乱跑，自己选择路线；告诉幼儿严禁嬉戏、打闹，严禁奔跑抢先，特别是下楼梯时严禁动手推搡等。从活动室疏散出来时，幼儿要按照既定路线缓慢、有序地下楼，下楼时要保持安静，手应尽可能扶住栏杆或墙壁，任何人不得故意乱挤等。

二是教师要对活动中可能会发生的事故进行预估，制定好应急预案。比如，当大量幼儿涌进楼道、楼梯时，最主要的就是防止发生拥挤、踩踏事故。教师可以采取以下措施进行预防：组织疏散楼层的教师立即向幼儿喊话，并阻止周围或后面的幼儿继续向事发地点涌进；万一发生踩踏现象，要及时组织人员对被踩伤、挤伤的幼儿进行紧急施救，先由保健医生进行处理，在保健医生判断无法处理的情况下，及时送往医院检查治疗。

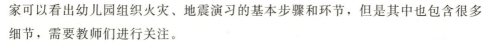
案例 12　火灾演习中的两位教师

> 今天，幼儿园要进行"火灾演习"，虽然教师们都知道有这样的活动，但是谁都不知道几点举行。
>
> 下午 3：00，正是幼儿饮水、吃午点的时间。这时候，火灾演习的警报拉响了。中一班的宋老师（第一责任人）发现险情后，第一时间冷静地告诉幼儿们："失火了！"然后带领班级幼儿打湿小毛巾，捂住口鼻，低头弯腰一组一组地撤离活动室。途中安静，有秩序，全班幼儿只用了 65 秒就全部撤离到操场。
>
> 而旁边的中二班的教师是一位年轻教师，其对火灾演习缺乏经验。当警报拉响时，班级的幼儿有的在活动室吃点心，有的在盥洗间洗手，还有的在穿衣服。看到大家的情况，再听着警报声，她一下子慌了，不知该怎么办才好。最后，她用了近 20 分钟才慌忙带着幼儿跑出教学楼。如果真有火灾发生，其后果不堪设想。

本案例中，两位教师在火灾演习过程中，表现出极大的差异性：其一与教师的心理素质有关；其二，更与教师的相关经验有着重要的关系。

为了能够让每个教师都能有效地带领幼儿参与自然灾害的演习，幼儿园管理者在演习之前，必须要对所有教师开展相关的培训，充分调动教师的主观能动性。可以通过开展安全知识竞赛、对教师进行各类安全演习等方式，提高教师安全防范意识和自我保护能力，以及面对突发事件的应急能力。只有这样，在关键时刻，我们的教师才能临危不乱，正确带领幼儿逃生。

另外，幼儿园的安全部门还要对各种演习活动进行动态化管理。即幼儿园安全演习预案决不能是一成不变的，幼儿园的安全演习也决不能只在准备好后才开始进行。大家可以采用"定日随时"的方法，突发性地开展随机演习，这样更接近真实，更能检验幼儿园教师应对突发事件时的避险协调能力，从而提高在真实场景中幼儿的安全出逃率。

二、安全管理，运用流程

俗话说："安全责任重于泰山。"幼儿园的安全工作体现在方方面面，也渗透在幼儿园工作的各个领域和部门。只有幼儿园管理者及工作人员都高度重视，才能保障幼儿在园一日活动的安全。

(一)以流程规范门卫管理

门卫是企事业单位的保卫人员。依据国家法律和单位的规章制度，门卫对单位的职工、外来人员和车辆进出的大门进行严格把守，实施验证、检查、登记，以维护单位内部秩序，保障人身、财产及其他安全。简单地说，门卫管理就是出入安全管理。

出入安全涉及很多方面，包括人员出入、车辆出入、物品出入等。幼儿园门卫由于工作需要往往还兼做一些其他工作，如安全隐患排查、收发工作等。

幼儿园门卫工作是极其平凡但又非常重要的岗位，是幼儿园安全保障的第一关。门卫多是由单位自行聘用或保安公司推荐的，文化水平、人员素质参差不齐，具有流动性强、差距性大的特点。由于个人差异大，人的行为很难一致，执行效果很难控制，无法谈及驾驭执行力。门卫工作虽然只是迎来送往，但因为门卫要接触到很多人、很多事，统一的流程管理为门卫的工作提供了操作性的标准，大大提升了工作效率。

1. 制定工作标准

制定相应的门卫工作流程，能使门卫尽快熟悉工作要求，并在工作执行过程中建立统一的工作标准，提高工作质量。在"外来人员进园流程"（见图 3-8）中，涉及了来访者、被访者和门卫，说明了门卫在来访者和被访者之间起到的桥梁和衔接作用，同时详细说明了来访程序。门卫只需要按照流程步骤认真联系、登记、引导，就可以高效地完成来访接待工作。在接待来访的过程中，门卫也可能会遇到一些问题，如不知道要找谁（被访者不明确）、被访者联系不上等。对于不符合进园要求的情况，门卫可婉拒来访者。

　　流程管理的固化运作机制和经验，保证了各类人员尽快地适应门卫工作，提高了对人员流动的抗风险能力，既保证了园内安全又提高了工作质量。

　　2. 进行有效监督

　　流程制定成熟后，在实施过程中，如何对其进行相应的监督使之能更有效地落实，是幼儿园管理者必须要考虑的问题。

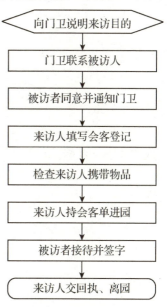

图 3-8　外来人员进园流程

　　在"外来车辆进园流程"（见图 3-9）中，对车辆的进园目的、进园线路、停放位置等都提出了要求。本流程中还明确了领导的监督作用，对车辆进园做了规范管理。

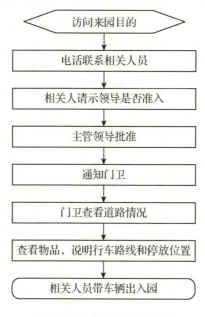

图 3-9　外来车辆进园流程

案例 13　操场上的汽车

> 某日，门外来了一辆送面的汽车。门卫在与食堂采购员沟通确认后，对车辆登记放行。车辆停在操场边上离食堂较近的位置开始卸货。
>
> 马上到了幼儿的做操时间，操场上陆续来了很多班级，并按照自己的班级位置开始准备做操。很快，操场上站满了幼儿。为保证幼儿安全，卸完货的车辆无法退出，只能等到一小时后，幼儿都撤离操场后才离开。这样不仅延长了送货时间，也对园内活动场地的安全带来了隐患。

案例中，由于门卫没有向领导请示批准，缺少领导对工作的监督和把控，带来特殊时间段内的安全隐患。因此，门卫管理要以流程为标准进行规范性管理，避免此类问题的出现。

3. 严格接送卡制度

接送卡是幼儿园为保证幼儿的接送安全，为在园幼儿家长提供的接送幼儿的有效证件。其上面记录着幼儿的姓名、班级等个人信息。

由于幼儿年龄小，自我保护意识差，给他们一个健康成长的空间，是幼儿园和家长共同的责任。接送卡是一种家长接送幼儿的安全保障措施。家长凭卡进园，可以有效地阻止闲杂人员进入幼儿园。

幼儿园安全工作人员应根据本园的具体情况与特点，从服务家长、服务幼儿出发，切实做好幼儿园的安全管理工作，获得家长对于幼儿园安全工作的理解和支持，真正形成家园共育，为保证幼儿的生命安全成就坚实的后盾。

(二) 用流程规范幼儿出入管理

几年前，某幼儿园在晚上接孩子的时间，家长经常莫名其妙地丢失财物。有时，给孩子穿个外衣的时间包就会不翼而飞；有时，教师带孩子在户外运动的时候，也会丢失物品。在园领导的带领下，经过明察暗访，一次共抓获 8 名小偷。这件事给了幼儿园管理者们以警示，加强门卫管理刻不容缓。

1. 进园流程让家长出入制度化

没有规矩不成方圆。为保障幼儿园的安全，保障幼儿的接送安全，某幼儿园制定了"家长接送幼儿进园流程"(见图 3-10)。这样既是为了规范管理，将工作常规化、有序化、科学化，也是为了严把幼儿来园、离园关，有效避免闲杂人进园，避免幼儿走失现象的发生。

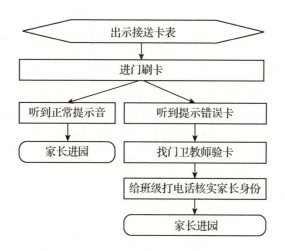

图 3-10　家长接送幼儿进园流程

　　幼儿园管理者必须强化服务和责任意识，在服务中实施管理，让工作更加规范化，在管理中体现服务；让工作更加人性化，达到更好地为家长服务的目的。在使用接送卡的过程中，家长应严格遵守接送卡制度，实行"一人一卡制"，每卡只限一位家长使用，无卡者一律禁止入园。

2. 运用流程合理有效解决问题

　　在使用接送卡的过程中，难免会出现一些问题：有的家长因疏忽丢失接送卡；有的家长在接送幼儿时忘记带接送卡；有的家长因为有事来不了找别人代接，代接幼儿的家长又没有接送卡等。

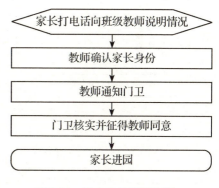

图 3-11　无卡家长进园流程

　　"无卡家长进园流程"（见图 3-11）向家长提示了特殊情况下如何正确进园的方法。一是家长向班级教师核实自己的身份；二是教师向门卫人员确认该家长的身份；三是门卫人员征得班级教师放行的意见。严谨细致的流程可以保证幼儿安全。

案例 14　谁接走了我的孩子

　　幼儿园晚饭时间，园门还没有开放。一位男家长急匆匆地在门前大叫，说有急事要把孩子先接走。门卫给班级教师打电话沟通，教师看孩子已经吃完饭便让孩子自己出来，门卫让孩子确认家长后便放行了。

很快，接孩子的时间到了。孩子的妈妈来园时，被告知孩子已被爸爸接走，便给孩子的爸爸打电话确认，得到的答复是——没接。顿时，家长和教师都急了，千方百计地想办法寻找。

终于，有惊无险，原来是孩子的叔叔打此路过，看马上就到了接孩子的时间，因为两家住得比较近，便自作主张把孩子接回去了。

该案例中，教师没有核实家长的身份，也没有亲自与家长进行交接，造成了接送的安全隐患。流程规定教师要核对家长身份，并且在核对后才能向门卫发出是否同意接送的指令。这样能够提高接送安全性，减少隐患的发生。

（三）变流程为主动服务

智慧的最大成就，也许要归功于热情。把对工作的热情化作工作的动力，善于发现才能不断进步。

1. 从"你来办"到"我去办"

家长使用接送卡就要办理接送卡。一些幼儿园的接送卡的办理一般安排在新生家长报到时，由班级教师对幼儿进行统计，根据家长需要登记所需卡数并收取相应费用，再一并交到管理者处，统一办理后发给班级，再由教师根据登记的缴费名单发给家长。这样的办理方式有几个弊端：一是给班级教师增加了很多工作量；二是在办理过程中容易出现假币，同时，因教师接待新生工作量较大，偶有登记与发卡数量不符的情况；三是家长不能在开学第一天拿到接送卡，还需要使用几天临时出入凭证。这样的办理方式给教师平添了许多麻烦，也为家长带来了不便，因此，需要对其进行改进和完善。

"接送卡办理流程"（见图3-12）是根据多年工作经验、大多数家长的实际需要和新生办理入园的程序制定出来的，具有以下特点。

一是涉及面大。流程中涉及办公室、库管、班级教师、家长、制卡人员、卡管

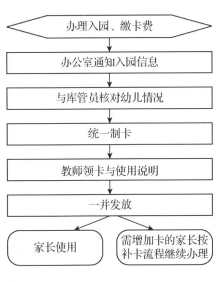

图3-12　接送卡办理流程

理者等多个部门和人员。

二是统一两张卡。家长办理入园缴费时一并缴两张卡的费用，两张卡是根据每年新入园大多数家长的需求制定的，既不浪费，又能保证两个以上的家长轮换着接送。

三是名单制定。办公室负责每年新生入园及分班工作，将新入幼儿的相关信息进行统计，并按班级、男女分类登记制定班级幼儿名单。名单由库管员核实缴费情况后交给制卡者一份。

四是制卡发放。制卡人员按照名单数量统一制卡。卡管理者将做好的接送卡和《接送卡使用说明》在新生报到时由教师统一发到家长手中，保证了开学即用，减少了不必要的麻烦，提高了工作效率，保证了校园安全。

五是特殊情况。有需要增加接送卡的，按照接送卡补办流程继续办理。

在配发的《接送卡使用说明》中，明确了正确使用、保管和销卡的方法。比如，家长的接送卡如果丢失，请立即通知班级教师和接送卡管理人员，幼儿园会及时将已丢失的旧卡注销，并根据需要为家长补办新卡。孩子出园后，所有已离园幼儿的接送卡一律销卡，不能再继续使用。接送卡制度的执行使幼儿园管理更科学更规范，在幼儿园安全保障工作中，起到了举足轻重的作用，同时也为活泼、可爱的孩子们，撑起了一片安全温馨的天空。

2. 修正流程还是修正意识

流程管理不是单纯管理流程。在职能为核心的管理模式之下，我们总是强调部门职责，因为部门之间总是存在剪不断理还乱的各类问题，部门内部什么都能搞定。跨越部门就必然涉及职责边界的问题，如都不管或都插手。

 **案例 15　无效卡出现以后**

　　早晨进园的时候，安全管理人员发现一张接送卡提示为"无效卡"，于是与家长沟通，家长却很不高兴地回应："你们说无效就无效啊，我是花钱办的！"经过核实后，发现原来是上一个学期由于孩子的父母发生婚变，奶奶向班级教师说明情况后提出销卡申请，由班级教师到卡管理人员处将没有获得抚养权的妈妈手中那张接送卡销掉了。现在不知什么原因奶奶又拿这张卡来继续使用。后来，安全管理人员在班级教师的协助下多次与奶奶沟通，把接送安全的重要性和卡使用方法讲明白后，才得到了家长的配合。

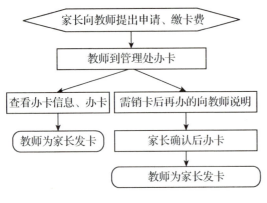

图 3-13　接送卡办理流程

（1）流程使用中的漏洞

接送卡使用之初为了提高工作效率，某幼儿园就根据实际操作制定了"接送卡办理流程"（见图 3-13）。家长根据需要向班级教师提出补办接送卡的申请，教师收取卡费后到卡管理人员处办理。

"接送卡办理流程"以教师为中心，教师负有承上启下的作用，将家长的需求传递给管理者，管理者将办好的卡交给教师，由教师发到家长手中。

由教师签字领取的目的是避免冒领、错领。班级教师熟悉每个家长，不会出现冒领情况。教师应核实家长申领身份，尤其是特殊家庭，避免错领后带来的一系列麻烦和纠纷，更重要的是保护孩子身心健康发展。

（2）明确制定意图

《幼儿园教育指导纲要（试行）》中指出："家庭是幼儿园重要的合作伙伴。"所以，幼儿园的安全管理工作离不开家长的参与和支持。接送卡是家长进园的身份象征，家长使用接送卡是幼儿园出入安全的第一道保障。办理接送卡的最终目的是保证幼儿的安全。

接送卡管理部门和班级都是发挥作用的主要部门，每个部门都有自己的主要职责。但在责任落实过程中，每个人的执行方法不一样，执行力度不一样，产生的结果也不一样。案例 13 中，教师对销卡的后果自身了解得不深刻，当时没有向家长表述清楚销卡的后果，使得家长再次使用时出现了"无效卡"，造成了工作上的误会。

3. 优化流程促进和谐

安全管理工作中，幼儿园"必须把保护幼儿的生命和促进幼儿的健康放在工作的首位"，在家园配合的基础上从幼儿生命健康成长的需求出发共同实施教育。

在补办接送卡的工作中，我们忽略了家长的责任，教师的过多参与既额外增加了工作，又出现了工作衔接上的漏洞。因此，通过反复实践，幼儿园修订了"接送卡补办流程"（见图 3-14）。新流程中主要改变如下。

(1)减少了衔接环节

由家长直接向管理者提出申请，管理者按要求让家长填写"接送卡补办申请"，管理者按照家长填写的班级、幼儿姓名等信息核实现有信息是否准确，是否可以继续办卡。如有需要销卡后办卡的情况，管理者会直接向家长说明情况，将各种可能性告知家长，由家长自己选择更合适的方案，确定销卡的由家长签字确认。填好的申请表由家长拿到教师处签字，经过确认后的申请表直接拿到管理者处办卡、领卡。这样减少了家长和教师之间多余的环节，进一步提高了办事效率。

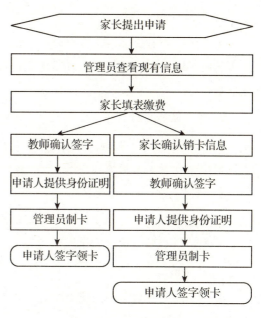

图 3-14　接送卡补办流程

(2)责任更加清晰

流程明确了职责，增强了办卡人与发卡人之间的联系，通过两者的直接交流提高了办事效率。教师的职责只是证明被办卡的幼儿信息是否准确，确认家长和幼儿的关系等。这样减少了在间接办理过程中出现的职责不明确、工作不到位的现象，避免了出现误解和矛盾。

(3)增进了和谐度

家长不用"绕弯"办卡，减少了等待时间。办理过程中出现的问题能够第一时间得到解答，家长对幼儿园的信任度提高了，家园关系更加和谐。我们在日常工作中，要给人以热情，给人以微笑，给人以关怀。流程的制定也是如此，让家长感受到了其中体现出的真诚，在相互信任的基础上，获取了家长的理解与支持。

三、以流程找问题，关注即服务

(一)流程引导隐患排查更细致

安全不代表一切，但失去安全就失去了一切。"隐患排查工作流程"对安全管理员提出了具体的排查要求：定时排查，及时解决，按时反馈。

1. 定时排查

环境的变化有很多不确定因素。比如，刮风下雨可能造成树枝脱落，大型玩具时间久了随时会有损坏。所以，管理者必须要每天定时完成巡视，将排查时间尽量缩短。

2. 及时解决

发现问题后不要等待、推脱，能解决的马上解决，解决不了的要及时对危险进行提示，并马上上报请人解决。

3. 按时反馈

对不能马上解决的隐患，安全管理员要将问题按时反馈给主管领导，并随时督查处理结果，确保校园安全。

4. 从实际出发

安全管理员在安全隐患排查中，不能走马观花，而是要换位思考，从幼儿的角度考虑安全性。

案例 16 "不安分"的钉子

　　安全管理人员在楼道巡视中，发现了一些"不安分"的钉子，确切地说是尖锐的突出物，如钉子、挂钩等。这些突出物分布很广，很多楼层的墙壁上都有，均为每次布置环境时教师悬挂装饰物留下的。时间久了，随着装饰物的松动、脱落，钉子和钩子便漏了出来。而这些地方正巧是幼儿或大人头部能触及的位置，容易造成扎伤或刮伤。即便有的位置伤不到人，也影响了整体环境的美观。

　　发现问题后，安全管理人员及时上报主管领导，和维修员一起消除隐患。在领导的指点下，他还做了安全提示展板向教师进行提示，告诫大家发现同样问题要及时报修，消除隐患。在流程的引导下，隐患能够及时被排查出来，使安全工作上升了一个台阶。

　　伏尔泰说：使人疲惫不堪的不是远处的高山，而是鞋子里的一粒沙子。工作中以流程为引导，关注细节，发现问题，才能消除隐患。

（二）流程促使复杂工作顺畅化

　　有这样一个真实的数据：某幼儿园 4 个月中，门卫代收邮件 700 多件，平均每月收发邮件 175 件以上，平均每天多于 6 件。其中"双 11"后的某天，单日收取邮件 30 多件。

随着信息时代的发展，邮购物品的现象逐渐增多，收发过程中常常会出现各种各样的问题。比如，邮购的物品出现破损，接收人使用网名而不是自己的真实姓名，代替别人收寄等。这种情况若处理不当就会给收件人带来损失和麻烦。门卫作为物品代收者，要明确什么东西可收，什么不能收，什么需要核实后再收……因此，制定适合工作需求的工作流程，能促进工作顺利有效开展。

案例 17　被退回的邮件

一天，一位教师来询问自己的邮件到了没有，门卫回答还没到。4 天后，来了一张该教师的邮单，通知到附近邮局收取邮件，并附有"退回再投"字样。值班门卫都说没有见过此邮件，于是教师便向邮局投递科打电话咨询。经查，基本确定了第一次送邮件的时间和值班人。通过进一步核实，事情经过是：当天邮件送到后，值班门卫因为到幼儿园工作的时间不长，对园内人员不太熟悉，希望投递员与收件人电话联系确认后再收，投递人不愿意打电话，随即把邮件带回，造成了之后的再投。

《国内特快专递代收货款邮件处理规定（修订本）》中规定，邮件投递出班前应事先通过电话与收件人取得联系，再行安排投递。《邮件快递收发管理规定》中规定，非公函性邮件快递应由收件人签收。实际工作中，幼儿园为了保证教师专心工作，要求上班时间不准接听私人电话，而邮件送来的时间大多在教师上课或者幼儿午休时，为了让教师安心工作，门卫只能为教师代收邮件。

"物品收发流程"（见图 3-15）中，对收发邮件物品时遇到的各种问题给予了收

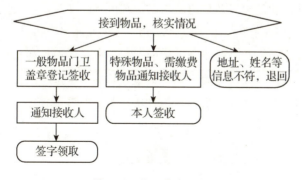

图 3-15　物品收发流程

发说明，门卫以此为据，认真对照完成就可以减少很多矛盾，使工作顺畅很多。比如，在没有受到委托时，邮件会当成一般物品由门卫人员盖章代为签收，并做好登记，及时通知接收人取走；如果接收人提前做过交代，需要亲自验货的，货到后由门卫人员用内线联系，由本人完成签收；用别名或地址姓名不详的，门卫人员有权退回或拒收。

从实际情况出发按不同情况分类管理，如普通物品的接收程序、特殊物品的接收程序，对于没有按规定程序办理的如果出现问题容易分清责任。流程的制定使目的、责任、管理范围、工作程序更明确。流程的建立使管理规范，工作顺利开展，是实际操作的依据。同时，做好必要的沟通，让大家都熟悉流程的制定、使用，才能使工作完美和谐。

不断完善的流程，人性化的管理，是责任的体现，也是无声的爱的表达。让和谐之风洒满校园！

第三节　条理化的资产管理

幼儿园工作是千头万绪的，这也包括资产管理。幼儿园资产管理的工作有很多，如固定资产上报、固定资产检查、固定资产报损、固定资产退库、物品申购、物品验收、物品入库、物品出库等。

库房管理也叫仓储管理，指的是对库房货物的收发、结存等活动的有效控制。其目的是保证仓储货物的完好无损，确保生产经营活动的正常进行，并在此基础上对各类货物的活动状况进行分类记录，以明确的图表形式表达库房货物在数量、品质方面的状况，以及目前所在的地理位置、部门、订单归属和库房分散程度等情况的综合管理形式。

所谓流程，简而言之，就是做事情的顺序。有了可操作的工作流程，接下来的关键在于如何确保工作流程顺利进行，也就是必须制定与工作流程相关的管理制度。一方面抓流程的执行，另一方面抓执行流程的各项管理规定的落实。具体的流程管理规定，是执行工作流程的保证。

◯ 一、"采购验收流程"助力"管家婆"

负责采买工作的人员就好比家中的"账房先生""管家婆"，必须清楚了解市场行情，本着"货比三家，物美价廉"的原则，做好幼儿园大家庭的物品采购工作。

(一)立足实际，落实采买工作流程

"采买"，字面理解就是简单的买东西。但是，面向幼儿园，这需要以满足教学、后勤需求，保质保量为基础。从供货商、流通渠道、实用效果等多方面考评采买工作的质效，不是简单的一个人说了算，而应当由涉及的每个工作人员、管理人员承担相应的责任和职责。也就是说，把现有的工作环节都一一罗列出来，然后，根据工作的现有要求，逐一地梳理清楚，完成高效的"物品采购流程"(见图3-16)。

在本流程中，申请人需要填写"购物申请表"。向库管员提交已批示的申请单，库管核对库存，决定是否需要购买，这样可以避免物品的堆积，

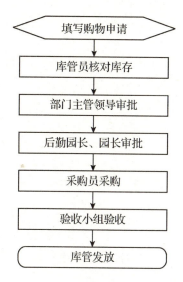

图 3-16　物品采购流程

提高已购买物品的利用率。若库存缺乏，申请人进一步向部门主管领导提出申请，部门领导根据实际需要进行批示。库管员持申请单报后勤园长审批，后勤园长对购买物品进行监督把关。库管员持申请单报园长审批，园长批示后方可购买报销。库管员将申请单递交采购员，采购员根据物品类别，经市场调查或招标等程序后进行采购。

(二)设置监管，严把验收工作流程

案例18　水杯掉把儿了

　　新学期伊始，幼儿园为新小班的幼儿配发了300多个喝水杯。过了一周，有的教师拿着3个不久前刚发给幼儿们的水杯来调换，库管员一看原来都是同一个问题——水杯把儿掉了。于是，库管员及时给教师换了新杯子。可是，没过几天，又有其他班的教师来调换水杯，就这样陆陆续续有30多个水杯都掉了把儿。某日，园长来库房巡视，看到库房里囤积了很多掉了把儿的水杯，问是怎么回事？库管员把此事做了详细的汇报。

　　在上述案例中，遵循原有流程的过程中，因为缺少了监督管理环节，采买结束后物品直接收归库房存储并发放，使得大宗采购缺少质控环节，对验收把关不严。由此可见，验收环节必不可少。某园为此成立了专门的验收小组，由5人以

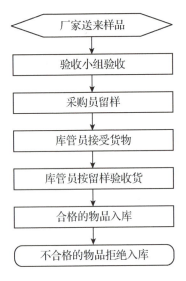

厂家送来样品

验收小组验收

采购员留样

库管员接受货物

库管员按留样验收货

合格的物品入库

不合格的物品拒绝入库

图 3-17　物品验收工作流程

上组成：固定验收人员至少 3 名，相关申购部门人员两人以上，协助对所购买物品进行把关。大宗采购经政府招标后进行。采购的物品交给库管员验收合格后才能发放。（见图 3-17）

二、"出入库流程"保证"物尽其用"

幼儿园作为一级教育机构，可谓是"麻雀虽小，五脏俱全"。其处室和部门同其他学校相比，只有更复杂，没有更简单。尤其是针对教师及幼儿在园使用的各种物品，也是琳琅满目、各式各样，如办公用品、卫生用品、体育用品、生活用品、装饰用品、电教设备等。如果对这些物品不加以妥善保管和利用，不仅会造成浪费，还会影响到班级教育教学活动的正常开展。

案例 19　颜料到了吗

某园放假开学后，所有的教师都在幼儿入园前，抓紧时间对班级的环境进行创设。小班的教师们想在活动室门口绘制一面彩绘墙，但是库房里的颜料颜色不全，需要重新购买。

于是，库管员向文具供应商家提出购置要求。但是商家因故未能按时把颜料送到库房，而是在库管员下班后，把货品寄放到了单位传达室。由于库管员并不知情，造成颜料并没有及时进行入库和发放，从而让班级教师对库管员产生不满。

上述案例，在物品入库环节出现了问题，商家因故未及时将货品送到位。究其原因，有以下四点：首先，忽视了时间要求，双方必须及时取得联系，明确送货时间；其次，没有严格履行签票环节，库管员无法准确知道货物的数量及其他要求，如颜色分类、种类要求等，无法核实用货信息（按照采买流程，申请单已经交由采购员）；再次，没有完成面对面的交接；最后，传达室没有履行告知义务。传达室工作人员，虽然没有在流程环节出现，但是在特殊环境条件下，却成为流程执行的影响因素。

基于对以上问题的分析和思考，作为库房管理人员必须要对幼儿园的各项物品了然于心，在了解教师的需求后，一定要及时与商家和门卫进行沟通，确保所需物品准时到达，并严格做好"物品出入库流程"（见图 3-18），才能让这些物品做到"物尽其用"，更好地服务于教学。

在"物品出入库流程"中，正常的流程走向为：库管员在采购员提供的所购物品（或固定资产）发票上签字确认后，对物资进行登记入账，办理入库手续；班级教师、行政、后勤人员根据教学和工作上的需要到库房领取物品（或固定资产）；库管员对相关人员领取的物品（或固定资产）进行登记，办理出库手续；领取人确认登记出库物品（或固定资产）的领取时间、名称、数量等信息，并签字。

另外，在工作中，幼儿园采购来的物品不会每次都符合使用者的要求，这就需要建立明确的"物品退货流程"（见图 3-19），以保证资金合理应用，物有所值，实现应用价值。

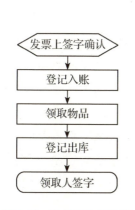

图 3-18　物品出入库流程

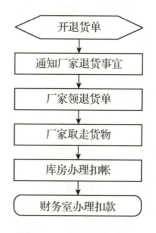

图 3-19　物品退货流程

对于验收不合格的物品开退货单，并将货物放至待退区域并通知采购员退货事宜。采购员根据退货单通知商家前来取回待退货物（商家来取退货物品时，采购员需向其说明是否还需要再送货，如需再送货，则需告知其具体送货时间）。商家到采购员处领取退货单，到待退区域将退货单上的明细与待退实物数量进行核对，确认无误后签字，取走货物。库管员根据退货单进行库房扣账处理，同时将一联退货单交给财务，财务根据退货单进行扣款处理。

三、"固定资产流程"明确"物品负责人"

(一)完善检查流程,做好资产清查

案例 20　班级物品哪儿去了

假期,某园的班级重新进行了定位。某班到新的班级位置后,教师反馈班级生活区的配备偏少,不能满足教育教学的需要。幼儿园对每个班级的环境区域布置有统一的安排,怎么会出现这种情况呢?领导派固定资产管理人员进行调查。相关管理人员着重检查了班级复位后的固定资产情况,家具资产、电教资产和生活用品资产与装修前的资产记录是否相符,并将这些检查结果进行了完整详细的书面整理。前期因为资产管理员已将固定资产的内容卡片化,运用较为先进的电子设备进行了录入存档。所以,资产管理员很快就找出问题发生的原因是上一个班级将部分资产带走了。于是经过相互协调,上一个班级的教师将带走的玩具送回,很好地解决了这一问题。

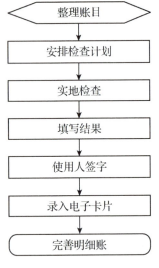

图 3-20　固定资产检查流程

通过上面的案例可以知道,固定资产的核实检查是防止园所资产流失的重要环节。核查的任务是要求注意固定资产的细节,而不是宏观地看一看而已。正是由于资产管理员认真检查固定资产的使用情况,才使得这次班级固定资产顺利复位,没有发生固定资产丢失或拿错的现象。这里需要资产管理员的耐心、恒心与信心,面对纷杂的数据时要做到心中有数,按计划进行,才能完成一次成功的检查。

一次完整的"固定资产检查流程"(见图 3-20)首先需要资产管理员核对、整理好全园各部门、班级的固定资产账目,保证账账相符。资产检查可以根据园所实际工作情况按季度、学期或学年进行。固定资产检查小组安排好有关部门、班级的资产检查计划。资产检查小组根据固定资产账目实地检查、核对各项固定资产内容(名称、数目、采购时间、报损时间等信息)。检查小组根据检查结果填写资产账目。检查完毕后,资产使用人在所属固定资产账目上确认、签字,录入固定资产电子卡片,进一步完善固定资产细账。

(二)规范管理动作，完善管理步骤

因固定资产的采购需要经过上级部门的审批，所以它的管理不同于一般生活消耗品的管理，有其特殊性。

1. 固定资产退库流程

案例 21　多了的蒙氏柜

> 某园教师在开园前期到园组织班级搬家。在进行固定资产调配时，某班级由于一个蒙氏柜有问题、在没有告知资产管理员的情况下就直接放回库房，导致资产管理员在进行库房登记时发现多了一个蒙氏柜。按照资产编号，固定资产管理员顺利地查到了蒙氏柜的所属班级，经过询问，发现教师未填写"退库申请单"就把蒙氏柜直接放入库房，导致了固定资产信息不准确。

上述事件说明，在进行固定资产退库时，教师要严格执行固定资产的工作流程，认真遵守每一环节，为资产管理员减少一分负担与麻烦，从而达到资产管理的系统化。

为此，幼儿园应该设立"固定资产退库流程"（见图 3-21）：固定资产使用者对暂时搁置不用的固定资产提出退库申请，填写资产退库申请单；固定资产管理员根据退库申请单查验并核对资产的质量、名称、数量及使用情况，并签字；退库者根据资产退库申请单进行退库；固定资产管理员根据资产退库申请单办理资产销账、销卡手续，并将退库申请单存档保管，完成此流程。

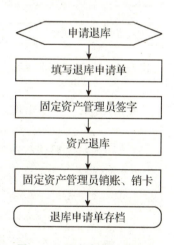

图 3-21　固定资产退库流程

对于退库的资产，管理人员要做到心中有数，因为退库的物品不等同于报废的资产，它是可以流动、再利用的，不能在做退库处理后就束之高阁，必须让它发挥应有的作用，做好物资间的调配。

2. 固定资产报损流程

"固定资产报损流程"（见图 3-22）是指当有的物品由于损坏不能再进行使用时，向有关部门提出报损的流程，它不单单保证了幼儿园物品不会"好而丢弃"，

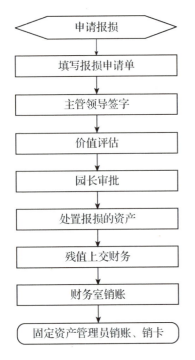

图 3-22　固定资产报损流程

同时也保证了班级能够及时补充新的物品，顺利完成教育教学工作。

本流程中，首先要由使用部门提出固定资产物品报损申请，填写"固定资产报损申请单"；主管领导经核实同意报损后签字；固定资产管理部（后勤办）组织相关部门对批准报损的固定资产进行价值评估，报园长审批；固定资产管理部（后勤办）按规定处置报损的固定资产；固定资产管理员将处置后的残值上交财务；财务室办理固定资产报损后的销账手续；固定资产管理员办理销账、销卡手续。

在管理过程中，因涉及以后年度的折旧计算，所以最好每项资产分开填列。统一批次购入的家具可以列为一项固定资产进行核算。按照购入的总金额列入固定资产并且计算折旧。

3. 对于随机赠品的管理

案例 22　赠品出现之后

> 某园英语专职教师因工作需要填写了"购物申请单"，要为外教采购电磁炉作为生活保障。因采购员因事外出，由专职教师陪同外教前去购买。采购完成后进行入库登记时，库管员复印了票据，发现所购物品盒子里除了一台电磁炉以外，还有一个炒锅和一个汤锅，原来因为有促销，这些是赠品。库管员随即将这 3 件物品登记到了外教的固定资产账上，由外教一并使用。

在此案例中，库管员不仅关注了对电磁炉（正品）的出入库管理，对其赠品（一个炒锅和一个汤锅）同样进行了出入库管理。

随着特殊情况的出现，库管员必须要用变化的思路根据实际情况来做工作。赠品物资应按照正品物资一视同仁对待，看作"虚拟的正品"，在管理过程中按照和正品出入库流程一样的策略进行严格管理。如果在工作中淡化了对所购物品附带的赠品物资的管理意识，就会导致工作中缺少对赠品物资的管理（赠品物资的管理制度和赠品物资的管理流程），容易造成物资管理的不清晰，影响整体管理效果，给后续工作带来不必要的混乱和麻烦。由此，可以制定有关赠品的管理制度和赠品物资的管理流程，及有关赠品物资的领用申请单，以便今后的赠品物资管理工作更加规范化。

《赠品管理制度》：所购物资的赠品由库房管理员进行保管。赠品物资的管理须建立详细的出入库管理账目。赠品物资的领用必须由领取人员填写"赠品领取单"，并由有关的主管领导签字核准，方可领取。赠品保管人员须于每月末汇总赠品明细目录及发放赠品的使用情况，以便核对，便于教职工及时领用。"赠品物资的出入库流程"见图 3-23。

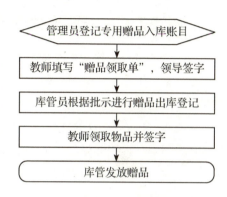

図 3-23　赠品物资的出入库流程

工作规范化是工作精细化和标准化的前提，实施工作流程的管理不仅有效规范了各项工作的操作行为，更为进一步提高工作质量打下了良好的基础。强调规范化管理有利于让员工明白应该做什么、怎么做以及是否做到位了，进而提高管理效能。规范的管理不是用制度和标准来约束工作，而是运用标准对常规工作实行流程控制，既让教师有了基本的工作准则，又使各部门间建立一种新型的、和谐的工作关系。

幼儿教师应不断发现事件中存在的问题，提出解决问题的设想和计划，并在实践中验证设想与方法，从而使实践行为不断加以改善。这样一个过程，既是工作的行动过程，也是自主学习的过程，更是实践行为的改善过程。

第四节　严格化的卫生保健

幼儿园医务室（保健室）是幼儿园重要组成部分，保健工作的主要任务是贯彻"预防为主、保教结合"的工作方针，为儿童创造良好的生活环境，预防、控制传染病，降低常见病的发病率，培养健康的生活习惯，保障儿童的身心健康。

相比幼儿园的其他部门，保健室工作有其特殊性。保健室工作涉及幼儿园所有的人，上至园长，下至每一名教师、后勤工作人员、食堂工作人员、每一名幼儿及家长，还经常跟幼儿园卫生保健相关管理部门，如疾控中心、卫生监督所、妇幼保健院、教育局等有业务联系。保健室的工作内容包括幼儿晨午检、幼儿常见病及传染病的防控、幼儿磕碰伤的处理、幼儿体检、幼儿室内外活动保健指导、幼儿饮食指导、幼儿日常保育的指导、教师的保健咨询、幼儿食堂的督导等。如此繁杂而涵盖面广的工作更需要工作条理性和缜密的思考，来协调多方面的工作关系和内容，可见流程化的管理思考在卫生保健工作中起着重要的作用。

一、观察与体检并重，做好基础监测

(一)晨间的检查及全日制观察

晨午检工作是保健医生的一项常规工作，是对每一名在园幼儿的日健康状况进行常态化的管理，可以采取保健医生和班级教师双向检查相结合的方式进行。

晨间，保健医生在晨检室观察来园幼儿的精神、健康状况，如发现异常，应及时询问家长原因并做好记录。发现不适合进行集体生活学习活动的幼儿，请家长及时将其带回进行护理和观察，可以暂时留观的要通知班级教师作为重点观察对象进行护理。

幼儿进入班级后，教师采用"一摸、二看、三问、四查"的方法，观察儿童精神、脸色、体温，询问其在家的健康状况。在传染病发病流行的季节，保健医生和教师要有重点地进行检查(如是否发热、咽喉是否红肿、腮部有无肿大、皮肤有无皮疹等)。保健医生负责对可疑病例的确诊，发现问题及时联系家长并做出有效隔离处理。

图 3-24　幼儿体检工作流程(在园)

(二)幼儿体检

为了防止各种疾病在幼儿群体生活环境中传播和蔓延，并准确掌握幼儿个体在园期间身体发育的状况，托幼园所要有计划地对幼儿进行体格检查。体格检查可以简要分为两个阶段的检查：幼儿全面体检和新入园幼儿体检。

1. 幼儿全面体检

按照《河北省托儿所、幼儿园卫生保健工作管理办法》的要求，幼儿全面体检要每学年进行一次，内容为视力、口腔、血色素、肝功能、乙肝五项等。对象为在幼儿园进行学习生活的所有幼儿。

一般幼儿园的体检参照图 3-24 进行。

执行此流程的过程中我们发现，体检工作需要占用幼儿日常的教育活动时间，需要提前跟班级教师沟通协调时间，有时可能会因为突发的情况造成体检跟教育活动的冲突。因为在园体检分班级进行，体检的幼儿需要空腹，所以食堂需要对早餐进行保温管理，待体检结束后提供给幼儿。这会造成早午餐间隔时间变短，影响幼儿的进餐质量。

为了避免影响教育教学活动，同时减少食物的浪费，我们可以转换一种思路。因为要求规定，每年必须完成一次全面体检，但是没有规定时间，所以幼儿园可以利用寒暑假或周末的时间让家长带幼儿前往医院进行体检。这样既有充足的时间做保障，又可以有优质的体检环境，还可以为家长提供医疗咨询。园方的工作需要按图 3-25 执行：医务室联系医院，确定体检项目及价格，将确定好的体检项目及价格向主管领导汇报并由领导审批；审批后，医务室与体检医院确定体检时间；时间确定后，医务室

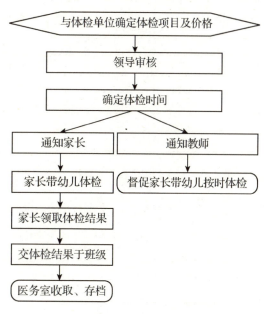

图 3-25 幼儿体检工作流程 (医院)

通知家长体检事宜，包括各班具体体检时间、地点、必查项目、价格和体检注意事项；按确定好的时间、班次，及时提示和督促家长按时完成体检。如果是在常规时间，医务室提前与食堂主管沟通好幼儿体检后的早餐安排（提前确定在园就餐人数，一般提供早点即可），推迟体检班级的开餐时间，保证体检后的幼儿及时补充营养。全部体检结束后，体检结果由医务室统一取回，将全部体检结果进行整理分类、汇总分析。最后，将自查项目结果发放给家长，规定项目结果由医务室存档。

2. 新入园幼儿体检

幼儿入园前必须到指定的专科妇幼保健机构进行全面的健康检查，并进行记录，如有无贫血、佝偻病、先心病等体弱儿表征，为以后的健康检查积累原始资料，作为比对和改观的依据（见图 3-26）。幼儿经检查无传染性或精神性等不利于

图 3-26　新生入园体检工作流程

集体生活的疾病后，入园填写幼儿健康调查表，详细填写食物和药物过敏史、高烧惊厥史等内容后方能入园。

　　幼儿体质各不相同，所以不能同等对待。对有特殊情况，如患有哮喘等疾病或外出长期不能来园的幼儿，幼儿园应要求其递交申请，说明休园的原因和预休期限，专门设立休园幼儿登记流程，并与本班教师取得联系，关注幼儿来园情况，进行医生、教师双把关。休园超过两个月的幼儿，幼儿园要提醒其再入园时必须经过重新体检，体验项目正常再入园。

　　对于转园来的幼儿，要求其必须出具正规的体检表，并由原托幼园所出具相关证明材料，证明其一直在园，未长期外出或到过疫区异地。一旦有类似情况发生，都要重新进行体检。体检后进行儿童健康状况分析评价和疾病统计，如果发现疾病或缺点（如佝偻病、营养性贫血、肥胖儿等），保健医生要通知家长并备案，及时进行矫治。

◇二、完善预防接种流程，加强传染病的管理

　　托幼机构作为低龄幼儿集中生活学习的环境，传染病的防控是正常教育教学活动正常开展的基础，而预防接种是预防传染病较为有效的防护措施。

　　由于医院是进行接种的主要场所，那么托幼机构就需要肩负起对适龄幼儿接种情况进行筛查、监督的任务。现今，在我国的某些城市已经实现了医院与托幼机构联网，可以通过网络实现即时预防接种查验工作，有了网络平台，班级只要收取幼儿《家园联系册》，保健医生按册统一查验《家园联系册》（包含幼儿姓名、出生年月日、父母姓名及联系电话等信息），就可以在第一时间核对每名幼儿的接种情况，查找漏种项目进行登记。保健医生核对信息后要将统计结果通知家长，并提示接种不全的幼儿家长及时为幼儿进行预防接种补种。（见图 3-27）如果没有网络平台做支撑，预防接种查验工作会比较耗时，保健医生需要按照《幼儿预防接种册》逐一核实查验，比较烦琐。

　　幼儿园要及时提醒家长注意接种禁忌，做好预防接种登记，如发现儿童接种

疫苗后有严重的不良反应，应及时送医。

　　传染病流行期，幼儿园应加强对幼儿的保护和对传染病的预防，如增加消毒次数，延长通风时间等。为了有效预防、及时控制和消除传染病在幼儿园的发生、流行及突发公共卫生事件的危害，保证幼儿和教职员工的身体健康，根据《中华人民共和国传染病防治法》，依据"预防为主、防治结合、分类管理"的原则，采取"早预防、早发现、早隔离、早治疗"等综合措施，结合本园的具体情况，可制定"传染病突发应急工作预案"，具体内容如下。

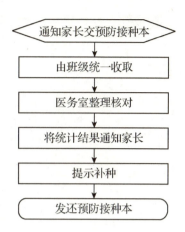

图 3-27　幼儿预防接种工作流程

（一）控制传染源

　　幼儿园教师发现传染病人应立即向园内领导和保健医生汇报，同时在第一时间由保健医生上报上级主管部门和疾控中心。医务人员实行首诊负责制。带班教师在第一时间将幼儿带到隔离室进行隔离，保健医生能确诊的要及时与患儿家长取得联系，将患儿带走，回家进行隔离治疗；不能确诊的，待家长来园后将患儿带到医院进行医疗检验，确诊后家长要及时通知班级教师和医务室。对本班幼儿，尤其是与其密切接触的幼儿要进行细致的观察，一旦发现可疑症状要及时进行隔离观察。

（二）切断传播途径

　　患儿的班级在卫生防疫部门专业人员指导下进行严格的消毒，对患儿使用过的器具要进行单独清洗消毒。患儿返园时，须交给保健医生医院出具的病愈证明，方可入园。针对传染病的传播途径，采取有效措施，如加强饮食卫生以预防消化道传染病，保持室内空气流通，或进行空气消毒以预防呼吸道传染病等。

（三）保护易感儿童

　　体质较弱、反复感染的幼儿为班级重点保护对象。传染病流行季节，幼儿园应加强晨检及全日观察，并采取必要的预防措施，如接种疫苗或药物预防。合理安排幼儿生活，提供平衡膳食，加强户外锻炼，提高幼儿对疾病的抵抗能力。

三、加强伙委会管理，实现家园共育

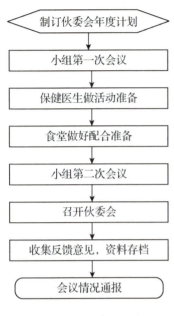

图 3-28　伙委会组织流程

家长伙食管理委员会（简称伙委会）是后勤与家长间正向沟通的有效管理渠道，由主管园长及主任、保健医生、教师代表、食堂班组长及家长代表组成，实行幼儿伙食民主管理。伙委会可以通过座谈、参观、实践等形式征求家长对幼儿伙食、伙食收费标准等的合理化建议，并积极采纳，付诸实施，旨在促进幼儿伙食的改进。

按要求，伙委会的召开每季度组织一次。园方通过小组会确定伙委会组织时间和内容。保健医生负责准备活动资料，包括会议内容（课件或其他）、家长反馈表、食堂需要配合的事项等，并把相应时间、内容通知给参会人员及伙委会家长代表。如果有品尝活动，食堂人员应根据需要提供饭菜品种，备好食材和分餐用具。小组第二次会议，汇报所有人员的准备情况，确定会议程序。之后，按程序召开伙委会。保健医生收集会议资料和反馈意见。最后，资料存档，通报会议情况。（见图 3-28）

第五节　系统化的入园管理

"凡事预则立，不预则废。"在工作中，提前做好工作计划和规划，并根据计划和规划制定出相应的工作流程是非常重要的，有了计划等于有了目标和方向，有了流程就等于有了工作规范和方法。只有这样，工作执行起来才会变得有条有理，各部门之间才能对工作做好合理协调与配合，从而有效达成工作的目标或效果。

每年的新学期开始之前，招生及幼儿入园前的准备工作就成为幼儿园的工作重点，其不仅能通过这些活动帮助幼儿园树立良好的幼教品牌形象，也为幼儿园后期家长工作的开展奠定了良好的基础。因此，做好这两项工作意义重大。为此，幼儿园可以设立"招生工作流程"（见图 3-29），通过流程的应用，帮助教师更

好地完成幼儿的选取与入园工作。

一、招生宣传讲究规范化

众所周知，目前社会上的幼儿园具有两种形式，一种是公立幼儿园，也称为"公办园"，是指由各级政府、公立学校举办的资产属于公有的幼儿园。这样的幼儿园由政府部门或其主管单位拨款，园所大部分教师有正式的编制，享受教育局的教师福利待遇。另一种是私立幼儿园，也称为"私立园"，是指由私人、合伙人或民办团体、民办企事业举办的，资产属于私有的幼儿园。这类幼儿园的所有资金来源于私有性质，园所教师也不享有国家的正式编制，其福利待遇由承办单位或个人随机制定。

由此，大家可以很清楚地看出此两种幼儿园之间的区别。相对私立园来说，公办园由于有政府补贴，所以，面向家长收取的各种费用较低，由于教师的工作比较稳定，教育教学质量能够得到有效保障，故想入园的幼儿人数较多，学位通常比较紧张，其招生不存在任何压力，甚至普遍出现"家长托人找关系也不容易入园"的现象。

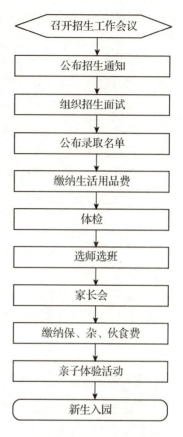

图 3-29　招生工作流程

而私立园由于属于非政府投资，无论是由谁来做出资人，都会考虑后期的资金回笼和投资回报的问题。因此，私立园的收费一般比公立园要高。因为教师是无编制的，其流动性较大，教育教学质量也会受到相应的影响。对私立园来说，招生工作是幼儿园中最重视的工作之一，其甚至关系到一个园所的生死存亡。

（一）公立园的招生宣传

与私立幼儿园相比，有一定办园史的公立幼儿园在政策支持、社会关注、生源方面都具有一定的优势。但是，从另一个角度来看，优势中也蕴藏着劣势和局限。如何控制招生数量，如何回报广大家庭的信任和喜欢等，就成为公办园招生季需要着重考虑和解决的问题。

案例 23 公立园招生通知示例

招生计划： 按照国家对幼儿园班级规模限额的要求，招收规定数量的男孩、女孩，满额后不再招收。

报名条件： 凡在____年____月____日前出生的健康幼儿，均可在____月____日—____月____日，由家长看护参加面试。

面试时间： 上午9：00—11：30；下午3：30—5：00。

面试地点： 幼儿园门卫室。

面试资料： 户口本原件及复印件一份、出生证明原件及复印件一份、预防接种证复印件一份。

录取条件：

①符合我园入园年龄要求的幼儿。

②拥有本市户口的幼儿。

③持有有效预防接种证件的幼儿。

④符合以上3个条件的幼儿，根据招生男孩、女孩数量及面试表现综合考虑录取。

⑤其他未尽事宜，由招生录取小组商议确定。

录取方式： 成立招生录取小组：招生办公室人员1人、园级领导1人、面试教师1人、保健医生1人。由招生录取小组依据每名幼儿的面试记录，好中择优录取。

录取名单公示： 由招生办公室工作人员对录取小组提供的录取名单，进行登统、核对，在招生简章规定的日期，以张贴纸质文件及网络的形式同时公布。公布名单的同时，被录取幼儿的家长必须出示幼儿出生证明，并在工作人员处签字、领取《新生录取通知书》及活动安排表，自行在规定时间内参加后续活动。未按时参与园内相关活动的幼儿，园方视情况取消其入园资格。

由于公办园资源的稀缺性，其招生工作势必会引发全社会的关注与期待。因此，招生信息一方面要求其中的字词、句子，及其所表达的内容必须要严谨、规范、具体、准确；另一方面，要在招生活动开展前两周通过幼儿园公共网站、幼儿园微信平台等，面向全社会家长进行公示，以确保信息的畅通，避免家长的误解。

(二)私立园的招生宣传

私立园相对于公立园来说，其招生的压力会增大很多，如果处于小区配套幼儿园都是私立园的地市，周围对手如林，其压力不言而喻。因此，私立园在公布招生信息时，除了公立园所列举的这些必要信息外，还需要通过各种方式，向家长介绍自己的办园理念、办学条件、师资力量、环境创设等各个方面存在的优势，以树立自己的品牌，吸引家长的目光。

案例 24 某私立园招生宣传

> 某幼儿园创建于 2009 年，经过 5 年的发展历程，在市教育局领导的热心关怀，及教职员工的不懈努力下，现已发展成为某市最具教育实力的幼儿园之一。现在园幼儿近 400 名，教职员工 40 多名，教师专业达标率 100%。幼儿园严格按照《幼儿园工作规程》要求办学，遵循《幼儿园教育指导纲要(试行)》《3—6 岁儿童学习与发展指南》开足、开满所有的教育教学课程，具备科学完善的教育教学设施，科学先进的教育理念，标准规范化的管理模式，具有双语办园资格，成为某市唯一一所与国际接轨的新型幼儿园。
>
> 我们的办园宗旨是——尽心尽力为幼儿发展，全心全意为家长服务，以"丰富经验，激发潜能，培养习惯，发展智能，弘扬个性，提高能力"为培养目标，倡导"轻松学习，开心游戏，快乐成长"的教育理念，坚持全面发展与个性化素质并重，促进幼儿全面、和谐、多元发展。
>
> 招生范围：2～6 周岁幼儿。
>
> 望各位家长朋友们，借助机会为孩子挑选一所启蒙教育最好、管理最完善的最佳幼儿园，这是您明智的选择。
>
> 报名地点：(略)
>
> 报名电话：(略)

其主要内容可以参考如下。

1. 办园历史及荣誉

通过这方面的介绍，第一时间给家长以信心。

2. 幼儿进园、离园的时间

让家长了解幼儿园的服务时段，若有周末或假期托管，一定要显示。

3. 硬件设施

最好用图片加文字的形式，体现幼儿园的办学实力，如大型玩具、多媒体教室、图书馆、宽敞的活动场所、干净的厨房、舒适的休息室、安全的校车等，增强家长的信任度。

4. 师资力量

好的教师是保证教学，也是吸引幼儿的根本，要用图片来体现充裕的师资人数，展示优秀教师的风采，包括他们的受教育背景、培训经历、教学特长、与孩子的亲和关系等。

5. 伙食住宿

舒适的环境，科学、营养的配餐是家长考虑比较多的问题，幼儿园可以通过图片，显示厨师的技艺，展示幼儿园以往的食谱（标注日期，以示真实度）。

6. 特色教育

当前社会上的家长文化程度、个人修养各不相同，对幼儿园的期待也各有差异。很多家长更希望能在幼儿园让自己的孩子培养一些学习兴趣，提高一些艺术素养。为此，私立园要明确自己的办园特色，开展一些适合幼儿兴趣及特点的教育内容，并通过图片展示出来，如幼儿参加活动的照片、参加各种比赛的获奖证书等。

7. 理念的展示

幼儿园的办园理念一定要向家长进行介绍，在确定理念时，一定要与时俱进，应该展示给家长一个开放的、积极进取的形象，向一流园所迈进的意识，如前卫的教材、网络化的平台、强大的顾问团队等。这些都能增强家长对幼儿园的了解。

8. 家园共育

一是幼儿园需要展示自己的严密安全管理，有的幼儿园有远程视频监控，这一定要强调；二是要对多种多样的家园沟通渠道与活动进行介绍，如每周一次的家园沟通、每月一次的亲子活动、每学期两次的开放日家长会等，让家长感受到幼儿园对他们的教育服务物超所值。

9. 具体位置

要用图示标明幼儿园的地理位置和交通状况，以便家长进行了解，为入园参观打下基础。

◇ 二、物品选择讲究自主化

新生录取后，家长最关心的问题有两个：一个是幼儿园会收自己多少钱，是不是从中赚取了差价；二是自己的孩子会由哪个教师来带，孩子遇到不好的教师该怎么办。每到这个时候，家长会算计自己缴费的多少；想尽一切办法打听幼儿园教师的优势和不足，动用一切关系让自己的宝宝到自己心目中的班级里去。为了避免家长的猜疑，杜绝不正常竞争现象的发生，幼儿园可以实行物品选择的自主化管理。图 3-30 呈现出流程设计者所考虑到的一些问题，大家在制订此流程时可作为参考。

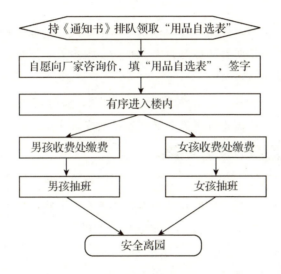

图 3-30 新生家长"缴费及抽班"流程

一是新生家长来园缴费时，第一次近距离接触幼儿园环境、幼儿园教师及工作人员。所以，热情、周到、细致的工作流程安排，对于树立幼儿园形象起到了关键的作用。

二是家长人数多，幼儿园工作人员少，仅靠现场解答和咨询，无法保证活动的质量。必须要尽可能地让多数家长真正清楚每一件事在哪儿办、怎么办，弥补现场解答可能会带来的沟通质量问题。

三是让不同能力水平的家长参与活动，都能做到心中有数，需要考虑方式、方法的问题。

从以上问题出发，设计者在流程细节上做了如下工作。

①从人文的角度出发，不仅文字内容做到精简、准确、简单易懂，而且努力减少文字表述，用流程图标的方式呈现主要环节，清晰、形象，让来不及或者不

善于读文字的家长，能先了解到活动全貌和主要程序。

②各个环节进行的场所，张贴提示性标识，并最少安排一名工作人员，负责相应环节的人员疏导和家长服务工作。

③对于流程图表可能提示不到的内容，专门附加了文字说明，让家长心中有数。

④活动现场安排至少两名工作人员，全程协调和督导活动，处理突发事件和视情况灵活加入各环节的具体工作。

⑤流程图和文字说明，家长人手一份，方便及时查阅。同时，在活动的主要场所，均放大张贴活动流程，方便未带或者丢失流程图的家长也能自行查阅并参加活动。

⑥每年活动开始前，要用会议的形式，与工作人员沟通资料、流程、细节内容，让每一个人都清楚所有的环节，人人是活动组织者、咨询者、协调者、督导者，全力保证活动高效进行。

⑦要对活动进行分析反思，对能避免的问题，做好记录，次年及时调整流程，改进流程设计，使流程真正为保证活动质效发挥作用。

三、入园体验讲究渐进化

新生入园焦虑问题，在心理学上有着专门的理论分析，网络上、报刊上也有很多专家、一线幼儿教师、家长分享解决幼儿园焦虑问题的宝典、秘籍、方式方法。但是，如何从管理上为新生初入园的焦虑问题做好保障服务工作呢？为此，幼儿园的管理者每年都应分析、总结经验，并从人文和实践的角度出发，制订"入园前试体验"活动安排。

从一线管理实践来分析，每年新生入园，班级人数偏多，虽然很多幼儿园会特别为每个新班级加派最少一名人员，协助教师做好新生接待工作。但是，这对于缓解幼儿情绪焦虑问题，成效并不十分明显。幼儿焦虑的主要原因仍是离开父母，初涉新环境的紧张和焦虑，教师人数的增加并不能很好地缓解幼儿心理的适应问题。因此，调整和创新管理措施，应该从以下方面入手。

（一）过渡性的班级活动安排

1. 从亲子陪伴到独立在园

从心理学的角度来看，初到陌生的环境中，年龄越小的幼儿越会感到紧张和恐惧。但是如果有家长的陪伴，幼儿心里会感到真正的安全，才能放松身心地对新环境进行探索和发现。而通过自己的探索和发现，幼儿对环境的认识会从陌生到逐渐熟悉、喜欢，身心逐步放松。实践证明，熟悉的环境更能帮助初入园的幼儿缓解心理焦虑。

因此，正式入园前，幼儿园可以设计全天亲子体验、半日亲子分组体验、半日幼儿独立在园体验，最后过渡到全体幼儿全天在园生活。目的就是让幼儿对环境和教师逐步接触、慢慢熟悉，过渡到能独立在园生活。这对缓解心理焦虑有很大的帮助，也能让家长在此过程中体验到园所的细心，从而增强对园所的信任度。

2. 从分组适应到全体在园

公立幼儿园班级人数偏多，已经成了一个普遍的现象。为了适应实际工作，尽可能地帮助每一个家庭、每一名幼儿度过入园焦虑期，在活动安排上，幼儿园可从"全班亲子入园体验"过渡到分"男孩亲子体验半日""女孩亲子体验半日"，再过渡到"男孩独立在园半日体验""女孩独立在园半日体验"，最后过渡到"全班幼儿独立在园体验"。这便于教师和辅助工作人员照顾幼儿生活和情绪，逐日缓解幼儿焦虑。

（二）过渡性的一日生活安排

1. 从早点到早餐

北方的幼儿园基本上都是遵循幼儿一日"三餐一点"的饮食管理规定，但是初入园的幼儿，情绪波动比较大，家长早晨送幼儿离开后，幼儿的心理焦虑属于一天中最严重的阶段。从教师工作的角度看，教师要照顾每名幼儿进餐，还要做好餐前餐后清洁工作。教师工作内容多，精力分散，不能在幼儿最需要心理呵护的时候全身心照顾幼儿。从幼儿的角度看，情绪激动，心理焦虑，胃蠕动慢，严重影响进餐，即使勉强进餐了，受情绪影响，幼儿呕吐的情况也时有发生，影响身体健康。因此，管理人员应根据本园情况及时调整工作安排，如允许入园第一个月或半个月的幼儿，不在园吃早餐。这样，教师能集中精力照顾幼儿的情绪，幼儿也能在家快乐地吃早餐，从而利于工作开展。

2. 从早接到按时接

刚入园的幼儿，一天的情绪波动幅度比较大，大量幼儿会在进餐、午休时出现问题，从而身心疲惫。这时，如果家长不按正常的时间来园接孩子，孩子焦虑的时间较长，容易上火感冒。于是，某幼儿园调整了小班家长来园接孩子的时间，从下午4：30到6：00，家长可以依据自己的情况，早接孩子。家庭有条件的，幼儿及早接走，及时平稳幼儿情绪，有利于第二天幼儿的入园适应。晚接的幼儿，因班级人数减少，教师也能更好地关注幼儿的情绪，这也是一个缓解幼儿焦虑情绪的好办法。教师和管理都可以根据自己的实际情况进行选择。

第四章　流程管理带来的变化

　　流程管理之所以在当前的各类单位组织中得以广泛应用，不仅是因为其能够有效提高工作效率，以流程标准化来管理工作进程，推进各岗位人员之间工作的及时跟进，还因为其科学严谨的规范化管理，使工作的组织规范优质。对幼儿园而言，流程管理的应用为日常工作带来了显著变化。在提高管理工作效率，规范教师行为的同时，提升了教师的专业素养，培养了幼儿良好作息常规，使得园所管理高效严谨，成为幼儿园教育教学水平提升的一大推力。

第一节　教师职责分工明晰

　　教师是幼儿园工作的主力军，是日常教育教学工作的直接实施者。具备合理科学地组织幼儿一日生活、保教结合的能力是对幼儿园教师的专业要求。众所周知，幼儿园的教育教学工作细致烦琐，通常以班级为单位，几名教师共同配合完成。如果教师之间职责分工不明确，就会造成班级日常教学管理常规的混乱，影响一日工作实效，进而影响幼儿的学习与生活。幼儿园在全面实施流程管理的过程中，相关管理人员和教师应共同认真分析和研讨幼儿一日的生活和学习活动，明确各个环节中主配班教师的站位及职责，形成教师日常各环节的工作流程，如"晨间工作流程""交接班工作流程""户外活动流程"等。流程的建立与实施使得教师之间职责分工更加明确，配合更加紧密，在提高班级日常工作组织效率的同时，教师专业能力也得到了显著提升。

◆一、流程中的角色定位决定教师的职责

　　通常，在幼儿园班级一日保教管理中，采取两教一保的管理模式。即两名教师分别负责上、下午的主要教学工作，称为主班教师；一名保育员负责全天的保育及配班工作，称为配班教师。此外，部分园所里还可能存在助理教师这一角色，负责配合主班教师的教育教学。因此，教师自身的角色定位决定了其在工作中应履

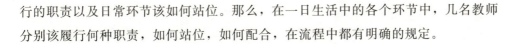

行的职责以及日常环节该如何站位。那么，在一日生活中的各个环节中，几名教师分别该履行何种职责，如何站位，如何配合，在流程中都有明确的规定。

案例1 有序的餐前环节

　　每天中午的餐前盥洗环节通常是最让中四班王老师头疼的时候。按幼儿园的作息安排，幼儿上午 10：50 左右结束户外活动，上午 11：10 开始进午餐。这段时间里，配班教师负责餐前准备并打回午饭，她则要组织幼儿换鞋、如厕、洗手、饮水以及值日生的值日工作。往往，这个时间最为混乱：教室门口有动作慢的幼儿还在换鞋，可能直到午饭打回来还没换好；厕所里有部分如厕的幼儿迟迟不肯出来，遇到个别调皮的孩子很可能在里面逗闹；盥洗间也许会有玩水的幼儿，稍不留神可能会弄得到处是肥皂泡；饮水处有的幼儿会接满满一杯水，没喝两口便洒了一地。这时候教师就算有分身之术，也会忙不过来。王老师只能是在门口监督一会儿，再赶快去盥洗室看一眼，同时催促值日生动作快些。

　　针对此种情况，幼儿园教学管理人员进行走访观察，发现几乎每个班级的这个环节都会有类似的问题。那么，忙乱的根源在哪里？又该如何解决呢？

　　流程课题组通过讨论，征集教师意见，制定了"餐前盥洗流程"。流程安排是这样的：户外活动回来后，保育员先组织值日生换鞋、如厕、饮水、洗手，然后指导其完成餐前准备。主班教师先在门口整理队伍，待值日生进入教室后组织其余幼儿换鞋和盥洗。此时，教室门口有主班教师，盥洗室有保育员教师。待大部分幼儿进入教室后，主班教师进入盥洗室，检查幼儿洗手情况，同时监督饮水。这时，保育员餐前准备结束，对门口个别动作缓慢的幼儿进行帮助后去打饭。待大部分幼儿盥洗结束后，主班教师开始组织幼儿餐前等待的集体活动。

　　流程颁布后，王老师与其他教师尝试按照流程来组织餐前盥洗环节。对照自己的角色，严格按照上面规定的要求站位。他们发现，每到这一环节，能够非常明确自己该站在哪里，组织什么活动，原来的混乱场面得以好转。

　　正是因为有了科学的流程，在实施过程中教师站位准确，环节衔接合理，避免了孩子们活动过程中的混乱，减少了孩子们在集体行动和过渡环节中消极等待的现象。例如，在准备外出户外活动时，根据户外活动的流程要求，主配班分工有序，整个过程如下。

一是主班教师在活动室内组织幼儿，并请幼儿分组去盥洗室如厕，配班教师在盥洗室进行指导。

二是大部分幼儿如厕后，主班教师在室外衣橱处指导幼儿更换衣物和鞋子，并组织幼儿站队，清点好人数，检查幼儿衣着和鞋子是否适于运动，同时检查器械是否安全。配班教师在室内指导最后几名孩子如厕完毕后，提示其迅速来楼道更换衣物和鞋子并听活动要求。

三是主班教师前面带队（引领时在幼儿队伍前侧面，侧对行进路线，保持视线不离开幼儿），带领幼儿由右侧下楼梯，配班教师在队后维持幼儿下楼秩序，关键处稍作停留，待队伍整齐后继续前行。

四是活动场地的分工。

主班：①到达活动场地，介绍活动内容与要求及器械使用的安全注意事项，并规定幼儿活动区域，保证在教师视线范围内。②保证集体活动、自由活动相结合。

配班：①巡视活动场地，消除安全隐患。活动中，教师要站在器械相对危险，需要保护的区域。（遇到突发安全隐患时，主班教师带幼儿离开并第一时间报告安全管理员，同时做好标记，提示其他班级不要进入。）②协助教师做好巡视，过程中注意幼儿的运动量，及时提醒幼儿增减衣服。

五是活动结束后，教师共同指导幼儿收拾活动场地，保持场地卫生、检查衣物、器械、做到不遗漏。

六是主班教师和配班教师组织幼儿站队，清点幼儿人数并有序回班。（配班教师回班后先组织值日生洗手并做值日）。

从以上流程操作的细节可以看出，流程管理能够使主班教师与配班教师职责分工明确，密切配合。在保证主班教师一直能够关注大部分幼儿，配班教师辅助关注其余少部分幼儿的同时，二者要明确各自的分工与站位，保证班级工作有序组织开展。同时，教师要创设便于孩子形成秩序感的整体环境，使孩子在积极的氛围中活泼而专注。

◆ 二、流程中的职责要求规范角色定位

职责要求如同角色的定位标准，具有明确的行为导向作用。教师根据规定的职责要求完成好日常工作，不仅是工作质效的保障，更是问题出现时评判行为的标准。

案例 2　疏忽带来的结果

一天午睡前，主班教师在组织幼儿午睡前的安静阅读活动，这时传来小朋友的告状声和哭声，原来晨晨和浩浩因为一本书发生了争抢，晨晨把浩浩的额头抓了一下，留下一道浅浅的抓痕，主班教师看了看感觉问题不大，对他俩进行了礼貌教育，并让晨晨给浩浩道了歉，随即安排全班幼儿午睡。在交接班时，由于主班教师的疏忽，忘记将此情况交接给下午班教师，幼儿起床后，下午班教师也未曾留意到浩浩的抓痕，一下午安然度过。晚上接孩子时，浩浩妈妈脸色阴沉地领着浩浩到教室，问下午主班教师浩浩额头的伤痕是怎么回事，主班教师一头雾水不知所以然。浩浩的妈妈更加生气，扭头就带着孩子离开了。第二天，浩浩的妈妈找到幼儿园，说孩子受伤了没及时处理，恐怕日后额头留下伤痕影响容貌，要求幼儿园赔偿。

如果没有良好的教学常规流程，就会导致主班教师和接班教师分工不清，责权不明，流程不畅，常规教育工作混乱。幼儿园每天都会上演这种抓伤、磕伤、咬伤等类似事件。虽说这属于意外事件，有时教师也是无法避免的，但是教师处理意外事件的能力和遇到事件后的责任意识更为重要。导致此严重后果的原因：第一，上午主班教师在交接班时缺少责任意识，没有将上午的全部情况告知下午班教师，没有尽到一个主班教师应尽的责任；第二，在幼儿之间发生伤害事件后，由于教师的大意，对孩子的伤情重视不够，处理方式随意，以为就抓破了点皮，没什么事，过两天就没事了，没有从家长的角度考虑问题的严重性；第三，幼儿园的交接班制度存在漏洞，没有很好地约束教师交接班时的职责。

虽然大部分幼儿受伤后确实只是皮外伤，家长也很通情达理地对教师给予理解，但也有个别家长会根据教师的态度做出反应，由于教师的随意导致自己孩子没有及时治疗，家长的态度是会很严肃的，这是教师应该注意的。所以，对于每一个受伤的幼儿，不管伤轻伤重，教师都应该给予足够的重视，仔细检查，及时消毒处理，并将情况准确告知接班教师，以便能第一时间将孩子的问题对家长做出解释。

幼儿园工作流程并不是要对教师做出惩罚或奖励，而是应该让每一位教师都树立主人翁意识和责任意识，将流程和流程的职责熟记于心，增强责任心，明确目标，明晰责任，事后及时补救，不互相推诿，并把流程的执行作为一项制度，这既是对幼儿的负责也是对教师的负责。

以前教师在交接班时遵照的是《幼儿园一日保教工作常规细则》，只是简单地告诉教师"接班教师清点幼儿人数，了解幼儿情况"，并没有过多的提及交接班教师的具体分工。因此，很多时候会出现交接班时两名教师对幼儿的情况交接不完整，如发生磕碰事件没有交代，身体不适没有说明等。因此，幼儿园应根据本园情况制定"教师交、接班流程"（见图 4-1），把教师在交接班时的细节性操作和要求明确呈现于流程中，使主班教师和接班教师在交接班时有据可依。尤其是对交班教师应交接什么，怎样交接，接班教师需要做哪些事情

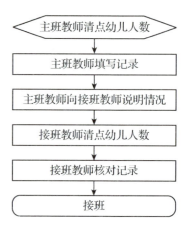

图 4-1　教师交、接班流程

等，大家都能做到心中有数。另外，幼儿园保教管理人员要根据流程中的内容进班逐条对照保教人员的工作流程，发现问题及时交流并进行修改，使其更加趋于完善，更好地发挥作用。

流程说明：

第一，主班教师清点人数。

第二，主班教师填写交接班记录（注明来园人数、未来园幼儿姓名及一些身体不适幼儿的情况），并做好签字。

第三，主班教师主动向接班教师介绍情况：说明来园幼儿人数，有无接走幼儿，目前幼儿总数；介绍上午幼儿情况，如身体不适、情绪状态不好、磕碰伤及幼儿纠纷等情况；提出需要接班教师特别关注的要求。

第四，交接完毕，接班教师清点并核对人数，查看交接班记录表。

幼儿教师工作的对象决定了其工作既琐碎繁杂，又具有较高专业化的性质。在幼儿园中，教育的实践经验和随机能力可以在工作中慢慢培养，但一些不可预料的随机性事件是教师无法掌控的，因此涉及幼儿的安全和健康的管理是不容忽视的。

流程明确规定了在交接班时主班教师和接班教师各自的职责。主班教师和接班教师在交接班时应认真做好班级的交接班记录，把工作做细、做实，如晨间接待、家长嘱托、缺勤幼儿的缺勤原因、幼儿活动情况、午休前的情况等都要做好详细记录，交接给接班教师，接班教师了解到情况后签字确认完成交接班，谁签名谁负责，做到有案可查。流程的深入运用，使教师熟知了各项工作的流程，明确了自己的岗位职责，知道了在什么时候、什么情况下自己的站位和职责，能够

在有效的时间内做到工作得简洁、高效，并且明白了任何的疏忽大意都可能让家长产生不必要的误会，从而对幼儿园的工作产生严重的后果。但是，保教工作常规也是动态的，可以随着园所教师工作的更新和工作的新要求，不断完善与修订，以确保教师工作稳步有序地开展。

第二节　幼儿活动井然有序

在幼儿园日常活动中，流程管理会让教师的教育教学工作变得轻松而便捷。对孩子来说，流程管理所形成的秩序环境会让其产生自然的快乐。它也是孩子生命中的一种内在需要，当这种内在的需要得到满足时，孩子就会产生真正的平静与快乐，学习效率也会提升。幼儿园流程管理在幼儿中的运用首先体现在生活活动的程序运用中，如进餐、盥洗、午睡等环节的实施。流程管理所形成的行为要求既是实践中的经验总结，也是培养孩子秩序感的好方法和步骤。

一、轻松的活动源于秩序的过程

良好的行为是习惯的开端。孩子专注的学习品质、秩序的形成使一日生活活动变得轻松而顺畅。在组织幼儿活动的过程中，每一项流程的反复实施，都为孩子良好的行为秩序打下了基础。

案例3　和孩子们一起创造快乐——有感于家长进课堂活动

今天是我最轻松、最快乐的一天。

我很庆幸，能作为家长代表，以一名临时教师的身份来参加孩子们"制作曲奇饼"的活动。这是我第一次近距离地接触这么多孩子，感受孩子们纯真的笑，和他们一起动手制作、创造快乐、感受幸福！

就在进入幼儿园之前我心中充满忐忑，不停地在想，孩子们这么多，我能让孩子们都看清我的制作步骤吗？第一次进入幼儿园做教师，我能吸引住孩子吗？当出现意外情况时我能及时处理吗？进入教室后，看到教师肯定的目光和孩子们期盼的眼神时，我充满了信心。当我细心地介绍步骤，并一步一步地打好蛋奶油，和好面做好前期的准备时，我看到孩子们是那么的认真和专注。孩子们自己揉制时同样认真有序，没有孩子出现捣乱的行为。当我们一起把揉好的饼干摆进烤盘放进烤箱烤制后，孩子们在教师的引导下去洗手，他们自觉排队，冲手打肥皂，洗完手后还不忘在水池里甩几下。连小班的孩子都能认真地做事情。随后，孩子们在教师的带领下排着整齐的队伍去户外活动。

户外活动回来后，孩子们看到制作好的饼干是那么开心。分享时，看着他们吃着香喷喷的曲奇饼干时满足的表情，我深深感受到幼儿园的孩子的幸福，还有作为一个妈妈的幸福。

我还深刻感受到教师科学有序的教育方法，让孩子变得专注而有秩序感，每一刻都得到成长的快乐。我也体会到了作为一名教师的艰辛，正因为你们把所有的精力和心血都倾注到了孩子身上，才能使孩子健康快乐地成长，孩子不仅学会了知识、能力，更塑造了健康的个性品质。正因为教师付出的爱心，才会让所有的家长放心满意地将孩子交到教师的手里。作为家长代表，请让我深深地对教师说一声："谢谢你们，你们辛苦了！"

幼儿园的工作是琐碎的，但园所培养孩子的目标是清晰的。如何把日常教育的要求融入生活的每一个细节、每一个瞬间中，需要一线教师的智慧和技巧。在培养孩子们良好习惯的过程中，教师需要通过认真研究，不断实践，总结出科学有效的经验，逐步形成科学的流程要求。比如，从孩子一入园，就可以按照流程一步步教给孩子如何洗手，如何如厕；进餐流程中，要求孩子文明进餐，轻放餐具，餐后要认真洗嘴漱口，收整残渣；户外活动时，要求幼儿先听教师提好相应的要求再活动等。虽然教师在流程实施的最初会付出很多精力去指导孩子们按要求去做，同时反复纠正个别孩子不正确的做法，但是随着活动流程的不断重复，所有的要求逐渐会内化于孩子心中，深入孩子的心灵，成为一种内在的秩序。

二、科学的流程创设秩序的氛围

"秩序感"是指个体对事物的顺序，包括时间的先后、空间事物的排列摆放，以及对环境中的规则、要求的感知，并在行动中能合理安排顺序、自觉遵守规定的能力。人类的生存和发展离不开环境，人的任何活动都与环境的影响密不可分。周围环境的一切因素都可能作用于人的器官，引起人们心理活动和行为的变化。

（一）为幼儿留下整洁、规则、文明的第一印象

幼儿一日生活活动流程的实施不仅让教师和幼儿之间产生了良性互动，使活

动本身变得高效。这种井然有序的过程本身就是一种秩序的环境。这种整洁、文明的内涵会慢慢地作用于人的感官，引起人们行为的变化。对于孩子而言，幼儿园是其受教育过程中第一个正式的课堂。教师的言行要求、示范举动都是孩子的积极资源。我们都知道，新生入园的第一个月都是教师最为劳累烦琐的一个月。因为教师不但要安抚幼儿情绪，还要让孩子尽快适应集体生活。经验告诉我们仅仅靠情绪安抚是不够的，应借助于流程管理，从生活活动入手，培养孩子良好的习惯，让孩子由最初的需要"帮忙去做事情"到"我能做事情"。当孩子面对的不再是一个个的困难时，孩子就会关注周围的人和事。孩子们会逐步了解到幼儿园的环境是安全有序的。最初的嘈杂混乱一个月之后就会变得井然有序。这种流程管理所带来的印象会伴随幼儿整个幼儿园阶段。

(二)激发了孩子的规则意识

孩子初入园，需要教师不断地示范和提示。比如，早晨来园应怎样做，怎样洗手、如厕和餐前准备，值日生怎样跟保育教师一起做值日等。随着活动流程的不断重复，所有的要求会在孩子心中潜移默化为一种内在的规则。孩子们就有了活动的自主权和环境的创造权。例如，从中班后半学期开始，孩子们的规则意识逐渐增强：生活活动中，"要我做"变成了"我要做"；早晨来园主动问好，然后配合教师做好晨检；饭后三部曲——洗手、洗嘴、漱口，自然过渡；户外活动时，穿好外衣并主动站好队；区域活动后，自觉收整好玩具等。

(三)养成了良好的习惯

行为科学研究得出结论：一个人一天的行为中大约只有5％是属于非习惯性的，而剩下的95％的行为都是习惯性的。即便是创新，最终也可以演变成习惯性的创新。据2009年7月20日新华网报道，英国心理学家通过实验发现，大约经过66天的坚持之后，人们就会做到"习惯成自然"。

3～6岁是儿童性格和意志形成的阶段，也是良好习惯养成的最重要的阶段。好习惯的培养是幼儿园养成教育最重要的部分，落实到每一个生活和学习的活动中。习惯的形成在于不断地重复每一项内容。因此，教师在带教幼儿时所遵循的"幼儿一日生活活动流程"，让孩子不断地科学有序地去规划自己的生活，最终形成一种良好的行为习惯。

(四)提升了秩序的水平

不同人对秩序的要求是不一样的。比如，有的人对于杂乱的房间会感到不安和躁动，有的人会很适应。有的人喜欢有逻辑性的工作，有的人喜欢随遇而安的生活。对于儿童而言，有的孩子做事没有条理，很难遵守相应的要求，有的孩子做事情有始有终，总是愿意遵循一定的规则。那么如何会有这样的差异呢？归根结底在于植根于人们内心的秩序水平。孩子在幼儿园的生活是内在情感和意识形成的重要阶段。这种积极的内在意识促使幼儿主动地去接受成人的引导。来自成人的日复一日的常规要求和科学的做法会对幼儿的积极意识的形成发挥作用。幼儿既是流程的实施者，也是秩序环境的缔造者和检验者。流程本身是操作规范，作用于幼儿就会提升其秩序的水平。儿童内在秩序水平会对将来的学习和生活带来不同的影响。

蒙台梭利指出，幼儿是在秩序的环境中进行吸收和学习的，在丰富多彩的世界里，幼儿有一种本能的对秩序的敏感和追求，并从中获得秩序的敏感与和谐的感觉。对教师而言，不仅要在日常工作中从细节入手，按照工作中的各项流程组织好日常活动，保证孩子们有序的生活，还要做个有心人，观察保教活动中重要的因素——"人与事"的发展变化。同时，教师应尊重孩子的个性特点，关注孩子的能力发展，不断地提升自己的教育行为，为幼儿今后的生活和学习奠定良好的基础。

第三节　园所管理高效严谨

流程管理突出的两个特点即管理的高效性与严谨性。所谓高效性，一方面指管理任务明确，目标清晰；另一方面图示简单明了，操作方便。所谓严谨性，即流程环节科学合理，要求标准严谨到位。因此，幼儿园流程管理的应用，使得各项工作的完成更加条理化、清晰化，管理更加规范化、科学化，大大提升了园所管理的质量与效率。

案例4　事故发生后

中班户外活动快要结束的时候，张老师提前带领几个小朋友回教室准备午餐。王老师带领其他幼儿上楼梯。这时候，王老师突然听到一声尖叫，她赶忙跑过去，发现小明趴在楼梯上，他的嘴巴流血了。王老师赶忙把孩子送到医务室，经医生初诊需要送往医院。王老师虽然是事故的第一目击者，最能说清事情的来龙去脉，但是张老师是这个班级的班主任，责任感强，有事冲在前，她在与王老师进行简单沟通后，跟随医务人员去了医院。

小明到了医院后，经医院诊断，说门牙有些松动，可能会暂时脱落，但以后乳牙会换恒牙，不会太受影响。张老师垫付了医药费，并带领其他两位教师在下班后，买了东西到小明家中去探望。小明的家长对教师的歉意表示理解，但心里依旧有小小的情绪：为什么我的孩子受伤了？幼儿园怎么这么不重视？为什么连个管事的领导都见不着？

班主任将事件经过写了书面材料交由医务室保管。但是领导因为没有及时得到教师的跟进消息而情绪不悦，教师觉得事情没有那么严重就疏忽了汇报，垫付的医药费与慰问费很久才报销，教师心里也很委屈。

在这个案例中，表面上是风平浪静地画上了句号。但是，事实上，领导有一点点不满，教师有一点点委屈，家长有一点点失望。俗话说：千里之堤，溃于蚁穴。这"一点点"绝对不是个人主观意识的体现，它向我们传递的信号就是我们需要重新思考原有的相关管理制度。那么，问题究竟出在什么地方，我们来仔细对照案例5进行分析。

案例5　幼儿意外伤害事故应急处理预案

一、幼儿在生活、学习和活动的过程中，如发生意外伤害事件（如跌伤、骨折、烫伤等）时，主班教师要负责组织好全班幼儿，一方面稳定幼儿情绪，另一方面及时打电话通知医务室做好接诊准备，配班教师则应负责在第一时间里将受伤幼儿以最佳方式送往医务室。

二、医务室在接到班级通知后，一名大夫要以最快的速度做好接诊准备工作，另一名大夫则要在第一时间里通知主管领导和园长，简要通报事故情况。

三、医务室大夫接诊受伤幼儿后，首先要仔细观察病情及伤情的严重程度，在最短的时间内做好必要的应急处理工作，如清洗创伤部位、消毒止血等，为后期的急救工作奠定基础。

四、主管领导在接到事故报告后，应在第一时间赶赴事故现场或医务室，同时指派专人负责及时调派人员前往出事班级协助主班教师组织其他幼儿的正常活动。

五、医务室大夫和主管领导要在最短的时间里视受伤幼儿的具体病情做出紧急处理意见（如送哪一家医院、是否需要通知幼儿家长等），并以最快的速度将受伤幼儿送往就诊地点。

六、协同有关人员勘察出事地点，查找事故原因，并及时排除造成事故的各种隐患，避免事故的再一次发生。

通过对上述原有预案的解读，回顾案例中出现的那些关于"一点点"的问题，我们不禁发出这样的疑问：上报的具体顺序是怎样的？哪位教师跟去医院更利于救治？医药费如何垫付？探访人员由哪些人组成？慰问品是自由购买还是本园提供？后期总结与跟进措施是什么？

以上这些问题带给我们深深的思考：原有的预案模糊不清，没有很好地发挥它对实践工作的指导与价值。我们需要更加高效、便捷、清晰的工作指导模式，帮助我们在处理事故的时候有章可循，不茫然、不慌张、处理事故沉着冷静，快速有效。流程已经悄无声息地在每个人的心中生根发芽。

一、重新修订，启动流程管理

从上述案例中我们发现，教师没有完全按照固有的预案处理问题，而是凭借自己多年的惯性处事方法。班主任在责任意识的推动下，在这个意外事故中主动承担起了重要的角色，先是主动跟去医院并垫付药费，再是带领班级教师自己垫钱购买慰问品。这些无疑都是教师对工作的尽职尽责，然而这样的付出教师自己却有委屈。常规上仔细思考没有任何问题，但是理论上讲，国有国法，家有家规，不是所有的事情都可以想当然，更不能将主观意识和情感意识应用到法律面前。所以，当问题出现时，我们想找到可以解决的事实来依托，但是原有的预案并没有针对这些细节给出具体的说明。那么究竟在意外发生时，上述的这些问题应该如何解决呢？

一是成立应急流程研究小组。由流程课题组成员中主管安全的主任与教师组成小组，梳理原有预案，将存在的问题简单整理。

二是研究与讨论。在课题组研讨会上进行公布与讨论：原有的预案究竟存在哪些漏洞，什么样的规定更便于一线教师的高效执行。

三是征集修改建议与意见。确定思路后，由小组成员设计调查问卷，自下而上征集教师们的意见，充分体现民主化参与性。

四是重新修正，流程启动。汇总分析调查结果，在课题组内进行汇报研究，启动流程管理模式。

🌱 案例6 幼儿意外伤害事故流程调查问卷

各位领导、教师：

你们好！我们是"幼儿园应急流程管理与应用"课题组，目前想就幼儿意外伤害事故应急工作流程做一次调查。本次调查采用无记名方式，请您放心填写！真诚地感谢您的支持与合作！

1. 您知道班级幼儿意外伤害事故的具体流程吗？

A 知道　　　B 不知道　　　C 根本没有相关流程

2. 您觉得幼儿在园发生严重意外事故，应由谁陪同幼儿去医院？

A 主班教师　　　B 配班教师

C 班主任　　　D 班主任和主班教师一起

3. 幼儿在园发生意外事故需要去医院的情况下，您觉得应由哪些人员陪同？

A_____　　B_____　　C_____　　D_____

E_____　　F_____

4. 幼儿在园发生严重意外事故时，作为教师，您觉得理想的流程应该是什么样的更便于您工作？

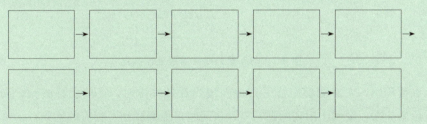

5. 您对幼儿园意外伤害事故处理方面有何更好的意见和建议？

_____

_____

_____幼儿园"应急流程课题组"

××××年

××月××日

二、绘制流程，规范安全管理

在流程课题小组的引领下，通过自下而上的方式，最终重新修订了预案。虽然新的预案细致、规范、人文，而且能帮助教师有准备、有目的、有方法地处理事故，然而预案流程的描述性太强，在意外发生时，为了帮助教师在最短的时间里做出科学准确的判断，更好地处理事情，大家可参照"幼儿意外伤害事故处理流程"（见图 4-2）。

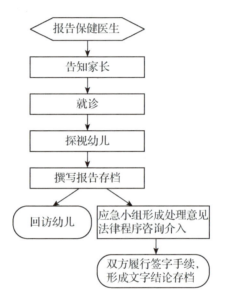

图 4-2　幼儿意外伤害事故处理流程

在流程里，大家能够一目了然地知道当意外发生时，需要怎样去做，先做什么，后做什么，案例中出现的那"一点点"问题，也都找到了相应的答案。

（一）在报告保健医生环节出现的报告顺序问题

在经过对一线教师调查分析、个别走访、流程课题组研究讨论后，为了保证快速、准确地将消息进行传递，当幼儿发生伤害事故时，正确的报告顺序是：值班教师→保健医生→应急小组副组长和后勤、教学副组长，带班教师同家长联络告知病情并组织好班级活动。流程不但规定了上报顺序，还对上报环节的各个人员的职责进行了明确的分工。

（二）在就诊环节出现的人员派出与医药费问题

为了更好地还原事故的经过，为后续工作开展提供可靠依据，意外事故流程里明确规定了由事故发生时在现场的教师与保健医生、当班应急小组领导一起陪

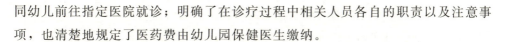

同幼儿前往指定医院就诊；明确了在诊疗过程中相关人员各自的职责以及注意事项，也清楚地规定了医药费由幼儿园保健医生缴纳。

（三）在探视幼儿环节出现的人员安排与慰问礼品问题

为了避免造成事故处理的复杂化，力争对幼儿的伤害程度降到最低。流程明确说明：建议班主任携班级教师在事故处理当天带慰问礼品（向幼儿园安全负责人申请）到家中探望幼儿，如遇严重事故，园内应急小组领导应随同家访，和家长交流时注意态度诚恳，掌握合情合理的分寸。

（四）在撰写报告环节出现的总结与后期跟进措施问题

为了使工作更加细致化，流程管理中对这些问题进行了更加详细深入的阐述：事故处理后，当班教师书面报告幼儿发生意外的经过；同时，保健医生详细记录在医院的诊疗过程、所用药品，形成书面报告，在两日内上报园应急小组并在保健室存档。幼儿恢复期间，班主任携班级教师关注孩子和家长的情况和情绪，主动询问、加强联系、随时沟通、了解幼儿的恢复情况。医务人员及时了解幼儿恢复情况并做回访记录存档。对于严重意外，应急小组副组长应组织相关人员与家长商量善后事宜，了解家长诉求，通过协商双方达成一致的善后意见，把影响降到最低。如园内调解不成，双方均有权启动法律形式予以解决。一切程序按照法律的要求履行。

通过上述分析，大家可以清楚地感受到流程管理带给我们的是更加便捷、高效、科学的管理模式，它是我们工作中处理问题的最好帮手与指导依靠。出现问题时，不再是"我该怎么做"而是"我就应该这样做"，解决了工作中出现的这样那样的矛盾。这为教师解决了后顾之忧，也为教师安心工作提供了有力的保障。

三、流程实践，提升安全意识

新的流程出台后，为了让教师更快更准地了解、掌握和实践，减少上述案例中凭借教师经验处理事情带来的问题，让教师有理可依，有章可循，幼儿园可以实施以下措施，以帮助教师提升安全意识。

第一，宣传。一是发放《流程手册》，通过自学、集中学、专题分享等形式，传达到幼儿园全体教职员工，做到人人知晓、个个明白。二是成立幼儿园应急事故处理监督小组，由流程课题组成员牵头，教师代表任组员，上下协同配合，共同做好意外事故的防范和实施中的问题处理与反馈事宜。

第二，加强对教职工进行师德规范教育，增强责任意识和法制意识，并对幼儿开展多种形式的安全教育，增强他们的自我保护能力。

第三，加强对安全工作的奖惩力度，在评优推先、职称晋升和奖金分配等方面实行一票否决制度。

第四，每学期对幼儿园的安全工作进行总结，发扬优点，改进不足，做到安全工作年年讲，年年有新的内涵和发展，保护幼儿健康成长。

第五章　流程应用引发的思考

流程课题的实施过程，是幼儿园管理者对幼儿园的教育与管理有了新的认识与发现的过程，也是幼儿园管理者对教育管理理念的提升、管理角色定位的转换、管理方法的选择等问题进行深入思考的过程。

第一节　流程中的角色转换

"流程是把组织中角色的各种关系按一定的逻辑顺序和规则连接起来，完成组织目标的过程。"即多个相互独立的角色为完成共同的目标，协同工作的全过程。流程的建立就是体现这些关系中的角色转换。

我们所制定和实施的流程是参与者、资源、目标、信息和组织规则等诸因素的有机结合，通过规范流程中的角色定位，促进教师之间、部门之间、部门与组织之间在工作中的相互协调。例如，"伙委会流程""大型活动流程""大宗物品购置流程""采买流程""留样流程""外来车辆流程""物品发放流程"中的很多环节都存在部门间、角色间的相互合作。明确的角色定位既是衡量流程制定是否科学的标准，也是决定流程能否有效实施的关键。幼儿园很多活动的开展需要多部门的相互配合。那么，如果某一任务的完成需要多个部门的流程合作，而在各流程的实施过程中，某一角色与其他角色又出现冲突的情况时，又该如何协调呢？流程之间有机结合的关键是界定各个角色职责与授权的明确性。因此，在明确自身角色的基础上，按需进行角色的有效转换是其关键所在。

案例1　角色转换引发思考

一次秋季采摘活动，分管后勤工作的李园长被安排到中三班做外出配班工作。
……
正当孩子们热火朝天地采摘花生时，有人来找李园长，中五班一个小朋友的手碰破了，请示下一步工作。

李园长应该放下班级的配班工作去处理应急事故，还是继续做好现在的工作呢？

此案例为班级外出活动中，后勤园长在角色定位中的矛盾。我们可以这样分析：李园长在此次活动中的具体定位为班级配班人员，需要负责班级配班工作。同样，她也是外出活动安全的负责人，在应急事故流程中扮演重要的角色。那么，当应急工作启动后，她就具有了双重角色身份，她该如何转换角色成为矛盾焦点。

"班级外出活动管理流程"（见图 5-1）中主要的关系分为两方面：教学组织者和后勤保障者。所有工作分部门统一管理，园长统领。整个流程由园长带队、主管的副园长主抓、行政后勤参与保障、班级教师组织孩子等一系列人员工作的统一安排，涉及各角色定位、角色关系建立、角色职责的落实等诸多问题。充分体现了流程是参与者、资源、目标、信息和组织规则等要素的有机结合。

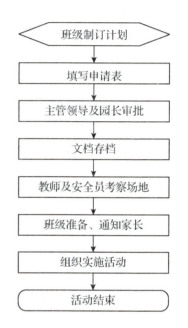

图 5-1　班级外出活动管理流程

通过"大型外出活动组织流程角色图"（见图5-2）的介绍，依据幼儿园的实际工作情况，我们可以做出如下判断：如果发生的应急事故问题不大，只是孩子的小磕小碰，那么后勤园长知晓事故即可，后勤园长可做出口头安排，由保健医生及安管员具体处理，其继续作为班级配班教师，履行配班职责；如果事故严重，则后勤园长需要与主班教师及教学园长沟通情况，暂停配班工作，由其他工作人员替换，迅速转换角色，参与应急事故的处理。

流程管理中，人是整个活动的主体，流程的许多变化，可以归结为人及角色关系的管理。促使流程优化的关键之一即明确流程参与者之间的角色关系，也就是教师明确自己在流程中的角色定位，知道该角色在流程管理中隶属哪个部门、哪个环节，环节中处于怎样的链接位置。角色确定后，其责任、职能、决策也就相继确定，活动的目标、信息和组织规则也就相继明确，教师便更清晰角色在流

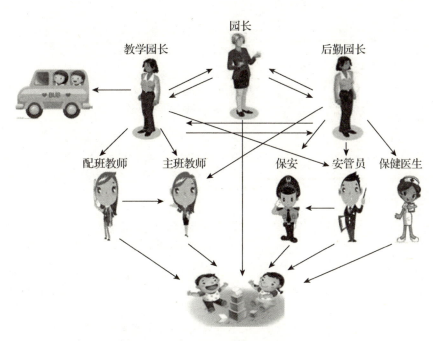

图 5-2 大型外出活动组织流程角色图

程中所发挥的作用，从而对流程中的环节进行合理性的设置和调整，真正实现明确角色、优化流程。

以表 5-1 为例，看一看整体和部门、部门和个体之间的职责关系。

表 5-1 班级外出活动角色定位及分工明细表

所属部门			角色	职责	具体内容
管理人员	行政人员	园级领导	园长	活动统筹；应急事件处理	①了解全园外出班级情况。 ②知晓本次活动的主要目的和班级活动内容。 ③了解本次活动的外出地点和活动范围。 ④了解本次活动的行程路线、跟随人员、安全保障等一切内容
			教学副园长	活动组织、活动安排	①做出活动计划。 ②联系地点和车辆。 ③带领教师和安全人员进行踩点。 ④对班级做详细活动安排。 ⑤做出活动总结
			后勤副园长	安全管理、后勤保障	①向所属相关部门做出工作安排。 ②将安全建议向上级领导反馈并监督执行。 ③督导安全、保健、食堂工作。 ④协调班级与其他部门的合作

续表

所属部门			角色	职责	具体内容
管理人员	行政人员	中层领导	主任	协助园长完成活动组织	①活动组织，人员分工，保证流程顺畅。②处理应急事件，协调各环节。③在需要的时候协助班级工作
			干事	协助班级对孩子进行保护	
		行政人员	教学行政	协助班级对孩子进行教育和保护	①确定所在班级，掌握班级幼儿人数并随时清点。②明确所在班级活动内容、目标，配合班级教师做好室外活动
			后勤行政		
班级	班级教师		班主任	班级整体活动安排，包括上传下达	①负责全体老师和幼儿的安全。②所有外出事宜以及回来后进餐如厕等生活环节
			主班教师	教育活动的组织	在保障幼儿安全的前提下，负责本次活动的全部课程，包含所需教具、音乐、课程环节及其与其他班级的互动内容
			配班教师	班级保育工作	①在保障幼儿安全的前提下，负责幼儿活动间歇的餐饮、自由活动中的范围、互动活动中的班级往来、活动后班级人数的定时清点。②整个活动中孩子情绪、精神状态、气色变化。③上下车幼儿的安全保障
后勤部门	安全管理人员		后勤主任	安全保障直接负责人	①活动前踩点并提出安全建议，包括不可靠近和逾越地带。②检验车辆性能、司机状况、沿途路况，做好幼儿的上下车安排。③联系交警对重点路段设防。④对安全员、门卫、保安等人员做具体工作分工
			门卫保安	幼儿出入时的安全保障；活动场地的安全维护	①指挥和疏散车辆，做好幼儿通行路线的护卫。②协助幼儿上下车辆。③关注周边情况，阻挡可疑人员
	后勤保障		保健医生	健康指导；突发疾病应急处理	①知晓本次活动的目的，了解运动量大小，向教学管理人员提出安全保健的建议。②确定急救地点并负责通知到所有班级。③随时关注周边班级情况，遇有突发情况能第一时间及时处理。④协助班级做好返程工作，并在最后清点遗落物品
			食堂班组长	结合活动做好膳食营养及开餐时间调整	①了解活动外出时间和外出的班级、人数，关注返回时间。②根据活动安排调整开饭时间，提前做好饭菜保温工作。③根据活动量调节营养量，制定合理食谱

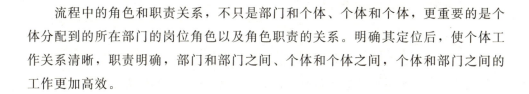

流程中的角色和职责关系，不只是部门和个体、个体和个体，更重要的是个体分配到的所在部门的岗位角色以及角色职责的关系。明确其定位后，使个体工作关系清晰，职责明确，部门和部门之间、个体和个体之间，个体和部门之间的工作更加高效。

第二节　制度、流程与职责三者关系

在日常管理工作中，不同发展阶段的幼儿园选择的主要管理模式不尽相同。现行的较为常见的有三种管理模式，即制度管理、流程管理以及职责管理。无论是采用哪种管理模式，都会不可避免地遇到"制度、流程、职责三者关系"的问题。

在管理工作中，人是最不可控的因素。人的思维和行为会受到自身意愿、能力、个性及情绪等诸多因素的影响。比如，公布一个制度，不同的人在执行制度时就会有不同的情绪反应和行为效果。"人有五指，长短不一。"教师也是，并不是每名教师的执行力都非常强。要保证幼儿园整体的执行力，不能把希望全部寄托在人这个因素上。也就是说，幼儿园管理者需要建立一套科学规范的制度体系，用以规范员工的行为。符合要求的要奖励，不符合要求的要视情况予以惩罚，这样才能保证基本的工作秩序，而这套规范就是幼儿园的基本制度。但是，制度并不能解决所有的问题，想要调动团队的积极性，完成更多更重要的工作任务，团队成员必须要团结协作。可是在实际的管理工作中，领导职责有划分，部门任务有区分，需要跨职责完成任务、跨部门协作时，该怎么解决组织的问题呢？此时，流程管理则是完成这些跨部门的、全员性质的工作任务的最好的选择。然而，工作由人来做，而人的动机和行为又是最复杂不可控的，如果仅有规章制度和常态化的流程，重要任务将很难保质保量地完成。这就需要用职责，也就是岗位责任制来约束个人的工作行为。可以说，制度、流程和职责的基本关系就是这样形成的。

本小节以某幼儿园实践经验为例，从 3 个概念入手，对三者的关系尤其是制度与流程关系做一个简单的梳理，以期抛砖引玉，引发更多实践管理者的思考和探索。（本小节会用多种形式的流程图辅以案例说明，如需更多理性的、条理性的分析，读者可以去翻阅相关专业书籍。）

一、认识三个概念

(一)流程

流程就是多个人员、多个活动有序的组合。它关心的是谁做了什么事，产生了什么结果，传递了什么信息给谁，而且这些活动一定是体现幼儿园发展价值的。流程管理的宗旨是："通过精细化管理提高受控程度；通过流程的优化提高工作效率；通过制度或规范使隐性知识显性化；通过流程化管理提高资源合理配置程度；快速实现管理复制。"

1. 流程管理各环节的关系

任何事物的发生、发展都有一定的规则，都是运动的、发展的、变化的，流程管理也不例外。它会通过时间、空间、人力、物力的交互作用不断运转变化，表现为动态性和阶段性。流程各环节在保证特定任务完成的过程中，各自具有不可或缺的作用，它们相互联系、相互渗透、相互制约、相互促进。同时，在实际的管理工作中，各环节之间还存在相互反馈的机制，如"走读班面试工作流程"（见图5-2）。

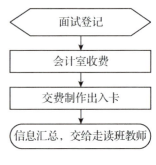

图 5-2 走读班
面试工作流程

面试登记：园办室负责面试幼儿、登记家长信息、出具物品订购电话、流程手续条。

会计室收费：会计室依据手续条信息收费、签字。

门卫室制卡：门卫室依据家长提供的，有园办室、会计室签字的手续条收费、制卡并将幼儿缴费、制卡信息反馈给园办室。

信息汇总：园办室汇总缴费、制卡、家长联系信息三项内容，一并交给走读班教师安排课程。

由此，我们发现当流程从一个环节进入下一个环节时，往往就会对前一环节甚至再前一个环节的工作进行反馈，前一个环节才能根据后面环节的信息反馈而及时改进管理工作，保证流程的执行效能。

特别要说明的是，流程运行的过程与职能发挥有着密切的联系，管理过程要达到优化有效，必须运用和遵循管理职能的原理，科学地组织管理活动的程序。

🍂案例 2　责任到底在谁

　　一天，后勤主管领导早晨巡班时，发现幼儿早餐搭配不合理，随即到食堂与伙房班长交流意见。伙房班长说："我早就觉得不合理了，也反映给了组长，组长说他再反映给营养师，我也就没再问！"当询问组长时，组长说："我早就反映给营养师了！"那么，幼儿早餐搭配不合理这一问题到底责任在谁呢？

　　从这个案例中我们可以看到，任何流程都不是完美的。所以，执行流程的过程中，我们必须做到"发现问题—反映问题—解决问题"，必须良性互动。案例中，正是由于执行人员过于死板和拘泥形式，缺少必要的沟通和交流，才导致问题迟迟不能得到解决。反过来想，如果伙房班长直接反映给营养师，同时第一时间和组长进行沟通，或者班长紧盯组长是否及时反映了情况，问题可能早就解决了。可能有的执行者会认为："我发现了，已经上报过了！这就不是我的责任！"

　　在案例中，"发现问题"并"反映问题"是为了什么？上报了，就是问题的终结吗？"发现问题"和"反映问题"的最终目的应该是"解决问题"。问题不解决，受害的是幼儿，涉及的执行者就是不尽责或者尽责不到位。所以说，建立了流程并不是管理的终结，并不意味着管理到位，流程各个环节相应管理职能的发挥，以及管理各个环节的良性互动、反馈，才是本案例要说明的重点。

　　2. 如何建立幼儿园流程

　　幼儿园是专业教育场所，所有的流程都直接或间接指向幼儿与教师的发展。所以，流程设计时要尽可能地让相关主体充分参与。需要强调的是，建立流程之前，管理者要认真思考几个问题，即本园的育儿理念是什么？为了保证落实这些理念，哪些流程最关键？幼儿园里的哪些活动应该建立流程？确定流程的标准是什么？流程的逻辑关系是什么？

　　分类法——根据幼儿园管理工作的范围来组建流程。幼儿园管理工作的方方面面都必须建立相关的规章制度。从制度类别的角度来看，可以从基本管理制度、业务制度、行为规范、日常工作程序四大方面来分别制定流程，使流程和制度相匹配，实现"凡制度之下必有流程"的完美对接。

　　分块法——根据科室的类别组建流程。幼儿园设置的科室、部门，在本园的管理工作中都承担着不同的责任和使命。例如，办公室主要负责招生、宣传计划与总结统筹、考勤、接待等工作；医务室主要负责幼儿体格测查、卫生保健督导、幼儿营养指导、疾病防控管理等工作；教务处主要负责幼儿保教管理、教师管理、家长工作、教师带教工作等。职责和任务不同，业务活动内容也不同，相应的工作流程也不同，从科室管理范围的角度来建立流程，是使流程管理清晰化的一个良好的途径。

但是，在幼儿园管理实际中我们也发现，越是工作内容不同，交叉工作机会不多的科室，在需要协作时就越是没有相关经验，如果再没有相应的流程提供执行方向的引导，就非常容易出现问题。把问题及时上交、共同协商解决，才是关键。如果管理者只是简单地将责任和问题推给某一科室，从长远来看不仅不能解决问题，还会出现管理危机。

所以，以科室为依托组建流程，就需要流程管理者认真甄别流程环节可能会涉及的问题，如果某个环节涉及的内容较多，就需要再设计子流程。同时，流程之外，如果出现"真空地带"，即无人管或者无流程的地方，管理者要及时发现和解决问题，尽力让教职工将精力用在执行流程上，不受干扰。

3. 流程管理不等于流程图管理

流程画出来，形成一大堆以流程图为核心的流程文件。企业一般采取集中歼灭战的方式，将公司主要流程在几个月内全部梳理完成。去完成这项工作的人，往往不是业务最精通的，而是文字表达能力最强的。这样草草完成的流程图虽然表面上看起来漂亮，却由于过于理想化，与实际不符，运行起来漏洞百出，过不了多久，流程就被废弃不用了。流程图是在了解幼儿园组织架构、管理现状、教学及后勤管理模式的基础上而制定的。对于流程管理来说，再现流程到流程图上，只是流程管理的第一步，即流程认知，通过流程管理，建立贯穿到岗位上的绩效考核体系。二是流程是程式化的。像流水线上一样，已经设置好了套路，把流程执行团队组织在一起，谁先做，谁后做，怎么分工。如果依靠人，这个团队任务如何布置，团队成员如何协调每一次都需要临时去安排，由于流程通常是跨部门的，因此任务的完成基本没有保障。三是流程是闭环的。一个完善的流程体系都会有闭环的设置。有的是在流程中设置了检查点，有的则是安排了即时的抽查及系统的流程审计，建立起了自我发现问题，自我纠正、改进的机制。如果依赖于人则是不靠谱的，只能期望每个人、每个团队都自觉养成闭环的工作习惯，自发的形成闭环的工作规则。比如，上述"走读班面试工作流程"中，第三个环节的人员负责核查之前各环节的信息，并将汇总信息传递给最后一个环节；第四环节的人员负责全部信息的最后核对，发现问题及时反馈给之前的环节进行修正，

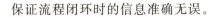

保证流程闭环时的信息准确无误。

（二）制度

在百度词典里，对制度的解释为："制度，也称规章制度，是国家机关、社会团体、企事业单位，为了维护正常的工作、劳动、学习、生活的秩序，保证国家各项政策的顺利执行和各项工作的正常开展，依照法律、法令、政策而制订的具有法规性或指导性与约束力的应用文，是各种行政法规、章程、制度、公约的总称。"①

制度包括一系列的规章条例，是以规范行为的方式要求相关人员必须遵守的准则。制度一词，在英文中有多层含义，不仅包括法律层面上的规范，也指自发形成、业已确认的管束人们特定行为模式和关系的办事流程和行动准则，甚至隐含人们行为方式的思维习惯和心理定势。制度的作用在于将组织内每一位成员的工作范围、工作程序、行为标准以及系统内各部门的职责和关系以规章的形式明确下来，使系统各项工作有法可依，有章可循，建立一贯协调、稳定的工作秩序，提高工作效率。对制度的理解不难，可是在制定和执行过程中"度"的掌握是很多管理者头痛的问题。

"人无远虑，必有近忧。"这句话中的"远虑"概括了管理工作的重要性。幼儿园的规章制度主要包括管理层制度与操作层制度两大类：管理层制度一般层级较高，调整范围较宽，规定得较为笼统全面，一般用"管理办法、管理制度、政策、规范"等名称命名；操作层制度一般是为落实细化管理层制度而制定的，层级较低，调整范围较窄，规定得也比较具体明确，一般用"实施细则、流程、要求、操作手册、程序"等名称命名。把管理制度按照刚性程度和作用范围，可分为管理制度、管理规定、管理办法、实施细则、工作条例六种。比如，非本位主义思考方式、部门间的协调合作、考虑问题的全局性、注重对问题的实际改善、抓住关键问题提出切实可行的方案、主动提出问题而非回避问题、勇于承担解决问题的责任等。

（三）职责

职责也就是岗位责任制，是通过明确的规定，使每个工作岗位的职责明晰化，并将它落实到具体的负责人的一种制度。职责（岗位责任制）是在对幼儿园的全部工作进行规划之后，实行定员、定编、定岗，对每个岗位规定出完成工作的

---

① http：//baike.baidu.com/view/1261601.htm

时间、质量和数量的制度。它使一定工作岗位上的人，同这个岗位该做的事情之间建立有机联系的一种制度。职责，是职务与责任的统一，由授权范围和相应的责任两部分组成。职责既要体现各岗位的共性特征和一般要求，确立各岗位的基本职责范围，又要明确各岗位在具体机构中具有的独特性或个别特点的工作职责范围或工作任务。具体包括工作任务的内容、方法、质量要求，要明确具体、条理清楚，定性和定量结合，要便于执行和检查。

要实现有效管理，必须处理好组织中人与事的关系，这是影响园所工作全局的本职关系。任何工作都是靠人去做的，责任制是管理体制中最关键的部分，可以说没有责任制就没有管理。对不同的岗位定职定责，是从经验管理向科学管理转变的一场革命，它来源于泰罗的任务管理法。它使幼儿园的每一个岗位的人员都真正地了解他应当做什么、什么时间做、如何做，以及组织对他的要求。

1. 如何确定岗位职责

管理走向精细化，必然使岗位增多，但如果职责划分未及时跟进，或者职责规定太粗糙，仅依据行政命令或者经验分派，变动性大，不易形成科学规范的程序和经验，无资料积累。

幼儿园根据整体规划的任务需要来确立岗位名称、任职资格、职数，再根据岗位的任务去确定职责范围、需要的设备、相应的工作质量和效率；同时，还要明确岗位工作的环境、确定各个岗位之间的相互关系。

2. 实行岗位职责化管理的作用和意义

幼儿园实行岗位职责化管理可以最大限度地实现人员的科学配置；有效地防止因任务重叠而发生的工作扯皮现象，提高内部竞争活力，更好地发现和使用人才；同时，可以为考核提供依据，提高工作效率和工作质量，规范操作行为。

二、对三者关系的思考

(一)概念关系图

我们根据图 5-3 简要分析如下。

从职责看，要尽到职责，可能会参与到园内的很多流程和制度中。有了职责，就必须建立考核、奖惩制度与之配套，从而保证职责的贯彻执行。对各类人员工作状况如不及时地给予奖惩，也会挫伤广大教职工的积极性。

从流程看，不同流程位置上的人，要尽到不同的职责，才能保质保量地传递信息和任务，最终保证各项工作顺利完成。

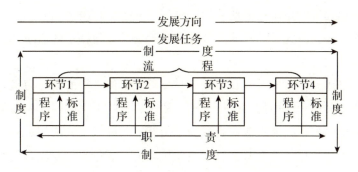

图 5-3　制度、流程与职责三者互动关系示意图

从制度看，为了集中执行流程，要为履行职责的人提供公平、公正、安全的环境和激励措施。可以说，人人都需要协作，人人都是在隐性或显性流程中，没有协作人不能完美地完成任务。三者的关系一直处在动态变化之中。当然，有时候在具体的工作中，流程会表现为程序、标准。

以"主班教师上岗程序"（见图 2-6）为例，我们进行程序说明，具体如下。

①7：35 来园后门口刷卡即为上班。

②进入班级，将活动室、卧室、盥洗室中与楼道对应的窗户全部打开，做到对流通风。做到晨间、上午（10：00）、下午起床后各通风一次。保证室内空气无异味。通风时间规定：冬季 20 分钟，春秋 30 分钟，夏季全天通风。如遇特殊天气，如雾霾、刮风等可自行掌握。

③更换工作服和工作鞋，整理头发、服饰，整理自己物品，将个人物品按五常法归位，做好上岗前的准备工作。

④主班教师站到门口热情地接待幼儿和家长，并对幼儿进行晨检，做到"一摸、二看、三询问"，并和家长做简要沟通，询问有无异常情况。提醒家长准确填写服药记录，幼儿与家长分别时提醒幼儿和家长说再见。

⑤依据季节、天气情况安排晨间活动，可引导早来的幼儿自由进入活动区活动或进行户外活动。教师给予适时指导，同时要兼顾接待随时来园的幼儿。

⑥组织幼儿整理活动区，搬椅子上桌，到盥洗室洗手、准备进餐。

⑦做好洗手前的准备工作：先小便，再洗手，在教师或同伴的帮助下卷好袖子，放好衣袖。

⑧指导幼儿正确的洗手方法：打开水龙头，淋湿双手；关水龙头，擦肥皂，搓洗手心、手背、手指缝、手腕；打开水龙头，洗净肥皂沫，关上水龙头；甩水入池；用自己的毛巾擦手；放下衣袖。

⑨提醒幼儿节约用水，节约使用肥皂，不在水房打闹。

⑩组织好已经洗完手的幼儿，不乱动其他物品，保持手的洁净。

⑪准备进餐→结束。

制度是集体生活中的规范和原则，只要形成集体生活的规范习惯，我们可以将制度认为是集体生活中的"背景音乐"。那么，在这个无时不在的背景中，有些工作需要协作和配合，那么流程就成为主角儿，明确了不同的人、事、物在流程链条中的位置和责任。考核奖惩制度与岗位职责、其他规章制度有机结合，可以赏功罚过，功过分明，既体现管理法规的严肃性、有效性，又可激励组织成员尽职尽责，建设奋发向上的工作集体。

(二)制度与流程的关系

从上述三者的定义上看，三者的区别还是比较大的，相比较而言，在很多人眼中，对于岗位职责(以及岗位责任制)的认识较为统一：制度和流程没有区别，流程不过是比较细化的制度，或者流程是制度的一部分。这种认识导致了大家对流程管理认识的偏见，也阻挠了流程管理发挥真正的作用。因此，本小节将详细说明制度与流程的关系。

1. 在文本中的表现方式不同

制度和流程的根本区别在于表达方式，制度没有办法抽象到"视觉空间"，难以表达清楚幼儿园各类活动之间的关系。而流程连续性的呈现特点决定了它的形式更能接近保教活动、开放性活动的组织过程。这就是流程的优势所在，即能够很直观、完整地呈现幼儿园的日常活动。所以通常情况下，幼儿园会基于流程来对各类管理体系做一个整合。流程不仅仅可以承载制度、职责，还可以将活动组织的过程以模式、程序、标准等形式——呈现，对于管理向精细化迈进有着不可或缺的重要意义。

2. 在文字表述时的内在逻辑性不同

流程的拟订必须讲究完整性和逻辑性，从完整的一端到另一端，必须是连贯的。流程与流程之间通过接口、并行等手段，建立起严密又环环相扣的体系。流程最显著的特征是结构化和连续性，它能跨越幼儿园管理者的不同职能和部门职权的边界，保持连续性和贯通性，能使各类工作的协作和共享更加密切和通畅。制度是分块描述幼儿园的管理体系的，它未必覆盖幼儿园的所有活动，也可能是间断的，而且它本身也不强调连贯性。因此，单凭制度很难表述清楚整个幼儿园

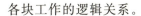

各块工作的逻辑关系。

3. 与其他管理体系的联系

作为一种直接深入细节进行管理的方法，流程的考核应该分为流程设计和流程执行两大类，流程设计与幼儿园的发展目标、基本任务有关，流程执行的考核数据又可直接用于幼儿园绩效工资的兑现。而制度只是各种管理要求的文本载体。针对绩效管理，我们可以拟订绩效考核制度。针对流程管理，我们可以出台流程管理制度。总之，制度是幼儿园管理思想分类规定的结果，而流程则是流程管理的各种具体的实施方法。

总之，流程是制度的灵魂。如果制度不能反映流程，就像失去了方向，它的执行肯定会出现问题。所以制度无法执行时，往往是它所包含的流程有问题。管理中常会遇到"法不责众"的情况，如果频繁出现这种情况，就说明一个制度或规定是不合理的，而不合理的地方往往是它相关的流程与实际情况不符，使得流程出现"两张皮"的现象。

三、三者均要在动态变化中不断建设

这里，我们以某幼儿园制度制定流程的变化为例进行思考。某园以往制度制定的流程是：教代会分组讨论、提案→教代会全体会议逐条审议提案→园务会讨论提案的可操作性→班子会通过。这一过程有民主有集中，形式上能说得过去，但是细究每一个环节的走向，以及流程闭合的环节会发现，制度制定的最终决定权在领导手里。

那么，我们可以针对实际管理情况，将制度制定流程分为两类。

一是教代会期间。教职工依据发现的问题向教代会代表提交提案或教代会代表主动调研，征集提案→各教代会代表依据提案内容拟定规章制度初稿交给园长审议→园长对初稿进行审议，提出修改意见后交班子会讨论→重大问题班子会修改后还必须交给园务会讨论修改→园务会讨论修改后提交教代会审议通过→教代会审议通过的制度通过全园大会园长口头宣布或在宣传栏张贴告示进行公示后，新制度生效并执行。

二是教代会闭会期间。教职工根据发现的问题提出提议或领导班子成员根据实际情况进行调研，需要建立或补充的规章制度通过园长办公会议决定并确定各部门的具体拟稿人→各部门具体拟稿人按调研和讨论内容拟定规章制度初稿交给园长审议→园长对初稿进行审议，提出修改意见后交班子会议讨论→一般问题或急需解决的问题，班子会修改后交园务会讨论修改→重要但又不急需解决的问

题，班子会修改后，备案提交最近一次的教代会通过→园务会讨论修改后提交教代会审议→教代会审议通过的制度通过全园大会园长口头宣布或在宣传栏张贴告示进行公示后，新制度生效并执行。

网络上曾经有人讨论过一个很有趣的问题："为什么有些人嗑瓜子可以嗑半个小时甚至一小时以上，学习却不可以？"因为人做事情，都需要有个反馈，反馈的周期越久，感觉上就越困难。如果您存有疑问，可以先做个实验。找个空旷地，直线走 20 步，相信大多数人都没有问题。现在闭上眼睛，再走一遍，看看还是直线吗？为什么变难了？（实验时请注意安全，尽量两个人配合。）因为没有反馈。我们还可以再进行一个实验，仍然是嗑瓜子，我们换个规则，现在你只能嗑，不能吃，瓜子仁留下来。嗑一小时后，再把瓜子仁一次吃完。是不是有点无趣了？同样的时间，瓜子仁也没少吃，为什么感觉变了？因为反馈的周期拉长了。这两个实验在某种角度说明了幼儿园执行流程奖惩的一个重要原则，那就是及时性。在流程执行的过程中有很多大事情，但都是由一个个小事务重复或迭代而成的，每个小事务中，包含了反馈和校正。反馈的周期越短，越容易上手。

第三节　流程的质效该如何检验

质效指的是质量和效率，流程的质效也就是指流程所具有的质量和效率。通过上章节的内容，我们了解了幼儿园中的流程涉及幼儿园工作的方方面面：有涉及全园人员的园级流程，也有细化到班级的一线流程；有针对物的管理流程，也有针对人的管理流程；有来自于教学的流程，也有来自于后勤部门的流程。针对这些不同层次、不同部门所分管的流程体系，运用什么样的方法能够对这些流程进行质效的检验，成为幼儿园管理者需要解决的重要问题。

一、检验流程质效的原则与方法

毛泽东同志曾经说过："实践是检验真理的唯一标准。"由此，在检验流程质效的过程中，我们也应该遵循这一基本规律，坚持运用实践来验证流程的科学性。

针对如何运用实践来检验真理的方法，毛泽东指出：社会的人们投身变革社会的实践，"造成了大体上相应于该客观过程的法则性的思想、理论、计划或方案，然后再应用这种思想、理论、计划或方案于该同一客观过程的实践，如果能够实现预想的目的，即将预定的思想、理论、计划或方案在该同一过程的实践中变为事实，或大体上变为事实，那么，对于这一具体过程的认识运动算是完成了"。在这段话中，毛泽东所说的"思想、理论"是指被检验的理性认识；"计划、方案"指的是根据理性认识建立的实践方案；"应用于统一客观过程的实践"是把实践方案加以实施；"预想的目的"是根据理性认识建立起来的实践方案所导出的预想的结果；"变为事实，或者大体上变为事实"是实践方案实施后所产生的实际结果；"实现预想的目的"即产生的实际结果和预想的结果相一致。

通过对以上内容的理解，我们可以懂得实践检验真理的具体过程包括以下三个步骤：一是把被检验的理性认识具体化为某种实践方案，并按照逻辑的必然性预期实施这种实践方案可能会产生的某种结果；二是把实践方案加以具体实施，产生出实践方案的实际结果；三是把产生的实际结果和预期的结果相对照，如果两者一致，证明被检验的认识是正确的，如果两者不一致，证明被检验的认识是不正确的。

把以上步骤落实到流程质效的检验工作中，步骤中提到的"理性认识"就是指教师对幼儿园各块工作的操作经验；"实践方案"就是教师根据这些工作的已有经验设置出的工作流程；"实际结果"指的是教师在具体工作中采取的最普遍、最客观、最科学、可行性最强的工作操作方式；"把产生的实际结果和预期的结果相对照"也就是把工作流程与具体工作中采取的方式进行对比，发现其中存在的差异，并对流程的相应环节进行更正与补充。

故此，我们可以很清晰地知道：检验流程质效的最重要的环节就是把幼儿园现有的工作流程和实际工作的操作进行比对，如果流程与大家的操作达成一致，就说明这个流程是高效的，反之，则不然。

二、幼儿园检验流程质效的实践

为了提高检验流程质效的时间与效率，幼儿园在检验流程质效的过程中，可以采用三种方法对所涉及的流程进行检验。第一种方法是运用调查表，让全园教师针对某一流程及其具体的操作环节提出自己的意见或建议；第二种方法是运用访谈法，通过谈话的方式，了解教师对自己熟知的流程的看法和见解；第三种方式是面向全园教师发放《流程实践征集意见书》，让教师随时在应有流程的过程中，发现其中存在的不足，进行相关的记录。以上这三种方法都能及时将流程实践者的意见和建议定期反馈给流程管理者，一方面检验了流程制定的有效性，另一方面也有利于流程管理者对流程进行修改和完善。

(一)用工作检验流程的效力

案例3　带药流程的烦恼

> 　　冬天的早晨，园长遵循惯例，在幼儿园楼道里巡视，了解班级教师及幼儿的来园情况。当她走到小三班时，发现活动室门口挤满了带药的家长和不停咳嗽、流鼻涕的小朋友。保育员刘老师此时正忙着组织家长排队填写"服药记录"。从早上7：40到8：30，近一小时的时间里，20名家长陆陆续续填满了两页"服药记录"。早饭过后半小时，约上午9：00，刘老师开始了上午的喂药工作。她打开密密麻麻的两页服药记录，仔细按照幼儿姓名，核对药品名称及数量，依次为小朋友喂药。时间过得很快，当最后一名小朋友服完药的时候，已经到了上午9：45，班里的教育活动已经结束了。刘老师不仅无法完成配班工作，甚至没有时间对班级活动室进行仔细整理，就要准备带领孩子们去参加户外活动了。

　　在幼儿园工作的教师都知道，秋冬季节一直是幼儿发病的高峰时期，尤其是小班的幼儿，在这一时期发病率更高。为了不耽误孩子入园，也为了解决自己工作的后顾之忧，很多幼儿家长会选择让孩子带药来园。这样的做法，不但不利于保证幼儿的充分休息，让病情减缓，由于带药的孩子数量多，反而会造成保育教师不能及时配合班级的其他工作，从而造成保教不统一，影响到幼儿的全面发展。园长意识到喂药背后所存在的教育隐患，提出了对幼儿园"喂药流程"的质效检验。

　　首先，由幼儿园管理人员深入班级，调查了解幼儿带药的实际情况，记录该项工作中所存在的困难以及教师提出的合理化建议。

　　其次，幼儿园领导组织管理人员召开"关于幼儿喂药事件"的工作会议，详细讨论班级教师的建议和意见，并对现有"喂药流程"（见图5-4）进行讨论分析。通过讨论，大家一致认为该流程基本能保证喂药工作的顺利进行。但是，在实际工作中，由于秋冬季为幼儿发病的高峰期，生病需服药的幼儿人数较多，药品种类繁多，无形之中增加了保育员的工作量，也增加了失误的概率。幼儿园保教常规工作是一环套一环的，每一个工作环节的完成，直接影响到下一工作的开展。即保育工作如果不能按时完成，那么保育教师就无法抽出时间为教师组织的集体教育活动配班，毫无疑问这会增加教师组织教育活动的难度，为教育教学活动的开展带来实际困难和压力。同时，保育员给幼儿喂药，这一工作本身又让保育员教师承担着等同于保健医生的责任，被赋予了新的挑战。

最后，由于喂药工作关乎幼儿的生命安全，幼儿园决定以问卷的形式，对该项流程进行调查。设置的调查问卷共分为两部分："教师问卷"和"家长问卷"。"教师问卷"主要是了解幼儿带药的多发期；家长是否能够正确填写"服药记录"；教师如何处理该项工作中出现的问题；教师对"服药记录"的设计是否合理；保健医生在喂药工作中发挥的作用等。"家长问卷"的目的是了解家长对喂药

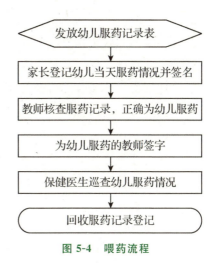

图 5-4　喂药流程

工作的认识；家长是否能够按照幼儿园的要求认真填写"服药记录"；是否能按照记录上的要求"只带一天的药量"；了解家长对"教师给幼儿服药出现失误"这一情况的接受程度等。

通过对调查问卷的统计分析，我们发现：多于 50％的家长不能理解和接受教师在为幼儿喂药过程中出现任何失误。因为喂药关乎幼儿的生命安全，不能有任何差池。而教师却认为：幼儿园属于社会服务性教育机构，不具有帮助家长诊治、掌握幼儿病情的权利和义务，不应该承担相应的喂药工作。

在教师的普遍反映下，幼儿园管理者针对调查问卷中产生的数据，以投票表决的形式，确立了取消"喂药流程"的决定，并深入探讨了关于"生病幼儿来园的有关事宜"。比如，建议生病幼儿最好在家休养；对于因特殊情况需来园的幼儿，家长需在家自行为幼儿喂药；中午需服药的，家长需亲自来园为幼儿喂药。幼儿园不再承担为幼儿喂药的任何工作等，再一次帮教师厘清了自己的工作职责，明确了教师所应承担的工作范畴。

（二）用数据验证流程的效力

案例 4　采购申报工作流程的检验

开学了，幼儿园各个部门分别在按照计划做新学期各项工作的准备，各个班级也不例外。为了更好地开展日常教学活动与区域活动，各年龄班教师需根

据新学期教育教学计划，对班级现有的教学资源，如幼儿图书、玩具、操作材料等进行整理核对，同时将班级新学期需要添置的物品进行申报。

这项工作涉及幼儿园的物品采购工作，按照原有的"物品采购申报工作流程"，各班班长首先需要填写"购物申请单"，然后交到库管员处，等待库管员按照购物申请的需求核对库存情况。假如库管员正在同时进行其他工作，这就要等待，这个过程所用的时间不定。

由库管员核对并确定此物没有库存后，需将"购物申请单"按顺序报部门主管领导、后勤园长、园长三方审批，最终将审批后的"购物申请单"交到采购员手中。到此为止，所申请物品即将开始被采购。假如相关审批者不在，又要等待。总而言之，到班级使用上所申请物品之时，往往已经过去很久了。这样的结果既会打乱教师预定的计划，也会耽误孩子在活动中的使用，造成工作的延误，降低工作效率。

为了检验这项工作流程的合理性，幼儿园管理者采用了多种方式。比如，由此流程的相关制定部门到教学、后勤一线征集民意，了解实际情况；多次在流程课题会中进行讨论，由制定流程的相关负责人提出原有流程以及流程在各部门使用过程中出现的不同情况，再由课题组全体成员遵循简化、便捷、严谨、高效的原则对"物品申购流程"进行修订。

通过以上方式大家得出结论：此项流程对开展实际工作十分必要，但使用该流程的工作人员不能清楚明确地了解其中的每个环节，这对顺利开展物品申购工作十分不利，会导致工作时间的延误。

据此，流程课题质效小组针对此项流程编制了调查问卷，内容涉及关于此项流程在工作应用中需求的满足程度、时间与资源的节约程度，以及相关合理化建议等问题共十项。

因为这项流程的使用面较广，所以管理者面向全园教职工进行调查。共发出问卷36份，回收32份，回收率为89％。此次调查是想进一步明确，修订后的流程对幼儿园的实际工作是否起到了推动作用。

经过对问卷的数据分析，管理者得出以下结论：32名被调查对象中曾经填写过购物申请的占56％；认为此流程不能及时或偶尔及时满足申购需求的占78％；认为此流程能够满足实际需求的占38％；认为此流程偶尔能满足实际需求的占50％；认为此流程能够避免浪费现象的占59％；认为此流程能够帮助自己形成良好工作习惯的占84％；认为此流程能够帮助自己了解本园采购工作流程的占 59％；认为通过此流程需要 3 天以上能够买到所需物品的占 63％；认为申购所需物品的理想时间在 3 天以内的占 91％；对此流程满意的占 63％；对此流程提出修改建议的占 22％，大部分主要集中在时间问题上，认为过多的环节浪费了时间，错过了物品使用的最佳时期，不如自己去采购后再报销。

附调查问卷

各位教师：

为了解您对我园物品申购流程的使用情况，检验其合理性，从而完善此项流程，流程课题质效小组特设计此项问卷。请您根据实际情况认真填写，感谢配合！

1. 您曾经填写过《购物申请单》吗？

A 是　　B 否

2. 通过"物品申购流程"能够及时满足您的需要吗？

A 是　　B 否

3. 通过"物品申购流程"所购买的物品能够满足您的实际需要吗？

A 是　　B 否

4. 通过"物品申购流程"能够避免浪费现象吗？

A 是　　B 否

5. 通过"物品申购流程"能够帮助您形成良好的工作习惯吗？

A 是　　B 否

6. 通过"物品申购流程"能够帮助您了解我园的采购工作流程吗？

A 是　　B 否

7. 通过"物品申购流程"，您大概多长时间能够购买到所需的物品？

A 3 天内　　B 1 周内　　C 1 个月内　　D 更长时间

8. 从申请到购买，您得到所需的物品的理想时间是多久？

A 3 天内　　B 1 周内　　C 2 周内　　D 1 个月

9. 您对现有"物品申购流程"满意吗？

A 是　　B 否

10. 您有哪些合理的修改建议？

＿＿＿＿＿幼儿园

根据调查反馈的结果，幼儿园管理者发现，"物品申购流程"对实际工作确实起到了促进作用，只是在过程中因环节复杂而出现了问题，延误了工作实效。根据这些情况，该流程又进行了重新修订，从环节上进行精简、从相关责任人员上本着直接、高效的原则进行反复斟酌，从流程制定格式上进行规范，最终形成了以下新修订的"物品申购流程"。（见图5-5）

为了检验新修订"物品申购流程"在工作中的应用效力，在使用了一学期后，幼儿园管理者在全国使用该流程的教职工中又随机抽取了36位教师进行了一对一的"幼儿园流程使用情况访谈"，回收访谈记录36份，回收率达到100%。此次访谈记录中，提到"物品申购流程"

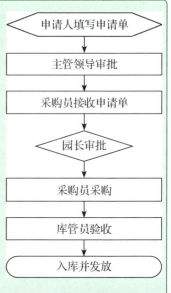

图5-5 物品申购流程

的教师33人，关注率占91.7%。其中认为不能节约时间的31人，占94%；认为环节过多的23人，占70%，突出增加采购监督环节的1人；认为能解决实际问题的20人，占61%。突出的问题有以下几点：一是认为签字环节过多，应该变"两层签字"为"一层签字"；二是流程中的说明部分应注明各环节责任人的姓名及联系方式；三是物品购买时间仍然过长。

根据这样的访谈结果，幼儿园的相关管理者会认真思考，与教职工一同在实际工作中进一步检验管理工作流程的质效，并逐步地将其完善。

通过上述案例我们不难看出，幼儿园工作中的每个流程都是与提升工作效率、促进工作质量密不可分的。流程的建立来源于工作实际，流程使用的质效则需要回归到工作实际中进行反复检验。当工作与流程发生矛盾时，再将旧的流程根据实际需要重新修订，最终建立起较为完善的新流程，促使工作顺利有效地开展。

流程管理在幼儿园中的应用过程实际上是一个动态管理过程。正如前文已经提到的，一个流程的产生是否提高了工作效能，节省了人力物力资源，达到了资源优化，是该流程存在的充分必要条件；相反，如果一个流程的出现不但没有使工作效率得以提高，反而降低了工作效能，又或者使工作变得复杂化，那么此时则需要借助一些方法，如问卷法、访谈法、讨论法等，对该流程进行检验与核查。对于那些通过调整流程中的程序或步骤，明显提高工作效能的流程予以保留和继续使用；对于那些修改后，仍然无法提高工作效率的，进行第二次修改；如果该流程的保留已经影响到其他工作（教育教学工作）的顺利开展，应该去掉。简而言之，"流程管理的质效、检验与回馈"即为幼儿园流程管理的监督者。

第四节　流程的奖惩如何实施

对于正在摸索和实验流程管理的幼儿园来说，建立了较为标准化的流程体系不等于实现了流程管理。要保证流程管理的效能，必须建立配套的考核奖惩机制，没有考核奖惩就等于没有流程管理。

但是，说到流程的奖惩，绝大多数管理者可能会"思绪万千"。为什么呢？可想而知，一个标准化的流程会包含多个环节，每个环节会因特定的任务而围绕着一个或多个人、事、物，甚至有的重要任务由多个大流程组成，大流程里可能还包含多个子流程。这么复杂的管理情况，如何兑现奖惩呢？换个角度说，对流程的奖惩意味着要用相对客观的数字化材料来评定执行流程的"人的行为""事的效果"，这的确不是一件轻松的事情。但正因为如此，如何实施流程的奖惩成为一个值得一线幼儿园管理者和专家们去研究的领域。在人本管理思想盛行的今天，对流程细节的关注、对各环节执行人员的激励和及时兑现的奖惩，渗透着"奖优罚劣"的管理价值观，应该成为幼儿园人本化管理的研究方向之一。本小节就以保定市青年路幼儿园为例，浅谈几种可行性的做法。

一、流程奖惩的目的和意义

再好的流程，如果只是挂在墙上，"人人都知道，但没人去执行"或者"执行和不执行是一个样"，那就等于是没有流程，没有服务，没有管理。考核与奖惩是流程管理的生命力。究竟为什么要对流程进行奖惩？流程的奖惩对管理工作有什么实际的意义？这个问题是同奖惩的功能联系在一起的，而且在相当的程度上决定着流程奖惩的目的。

例如，幼儿园关于幼儿园三餐用餐时间的规定不仅体现着管理的严格，更是幼儿生长发育必须要遵循的。一日中午，主管领导在转班时发现，还没到开饭的时间，但是很多班级已经将饭菜打到班级，甚至有的班级的孩子已经开始用餐了。食堂门口张贴着开饭时间安排和相关的制度规定。很明显，食堂工作人员如不按规定执行开饭时间安排，是要受到制度处理的；教师如不服从食堂餐饮管理，也要受到制度处理。可是，为什么食堂工作人员和班级教师，这么多人都同时无视规定和制度的存在呢？经调查发现如下问题：班级在执行教育和保育工作时私自压缩了时间；食堂工作人员不能严格遵守按时开饭的制度；相关人员没有对该项流程进行监督和检查，或者监督力度不够。因此，幼儿园管理制度的制定与实施：一方面，要靠教师自觉遵守，即管理者帮助教师了解每条制度存在的价值与意义，使教师能由"你要我遵守"变为"我要遵守"；另一方面，还要建立必要的监督检查机制，帮助管理者与教师明确监督检查就是为了更好地保证执行的效果。

我们再进一步从流程在幼儿园管理中的功能出发，来思考流程奖惩的目的和意义。

一是诊断性。在流程的执行过程中，通过对各个环节的执行效果以及对下一环节传送信息的质量进行分析、对比，我们通常能发现奖惩对象的优缺点和存在的问题，这就使得流程奖惩具有诊断的功能。

二是激励性。流程奖惩能够对下一步如何进行提供建议。同时，奖惩评价会直接或间接地影响到被奖惩对象的形象、荣誉、利益等，因而能够激发被奖惩者的成就动机，使他们追求好的评价结果，激励他们全力以赴地做好相关工作，创造更大的教育成就。

三是导向性。在流程的奖惩中，我们常常会以幼儿园的需求为准绳，设计评价指标和评价标准。教职工在追求这些质保和标准的过程中，就是一个求真、求善、求美的过程，奖惩评价的导向功能就发挥出来了。

要特别强调的是，虽然我们在这儿针对教职工执行流程的情况进行奖惩，但其实在幼儿园一线的流程管理实践中，怎样才能科学地对流程进行评价，需要长期不懈地探索和研究，没有搬来就能用的模式。同时还需注意到，流程的奖惩和评价，通常都是"双刃剑"。奖惩评价的标准都是相对的，不可能做到绝对公平，也不能对每一个人的工作都进行绝对科学的评价奖励。而从更为长远和人文的角度来看，相对性地评判执行流程的效果，用"奖惩"二字不如"评价"更具有人文关怀精神。所以，上述内容只代表青年路幼儿园阶段性的做法和理念，起到抛砖引玉的效果，希望更多一线实践工作者，能更加深入地研究流程的评价问题。

二、流程奖惩的原则

(一)根据职责内工作的执行情况——奖优罚懒原则

"职责内工作"，顾名思义，狭义上是指依据幼儿园整体安排，在某岗位上工作的人员应该负责的工作任务。从广义上讲，任何一个岗位上的职责内工作均不可能独立完成，其中必定会需要各种各样的沟通与协作，履行职责的行为也一定会在各类流程的执行过程中发挥重要的作用。由此观点出发，幼儿园工作环境基本一样，各岗位的工作量相对平衡。其中，部分教师、后勤人员和中层干部，工作的质效和成绩相对而言会比较突出或者比较落后，那么在学期末考核和学年考核时就要对其进行奖惩。园领导可以在全园会议上就其工作情况进行表彰，同时奖励证书、奖金或奖品等；对于日常工作质效一般的教职工，采取私密谈话的方式，指出其工作中存在的问题，给出正确的建议。可以说，在奖优罚懒的原则下，从执行出发，分情况兑现奖惩，会鼓励教职工既做好本职工作，又积极协作，努力在全园各类任务中发挥更大的作用。

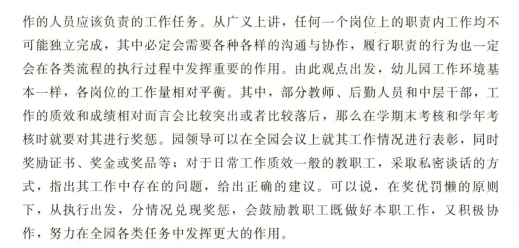

案例5　对库管员的奖励

　　在大宗物品采购工作中，库管员张老师在流程链的多个环节发挥着职责作用（对进库物品进行数量清点、质量验收等）。然而，在一年内多次执行大宗物品采购流程的过程中，她在每月进出库物品的数量和金额清算上，管理到位、总结清晰，从未出现职责问题。除了完成好自身所在的环节的职责外，她还多次对流程管理工作提出了宝贵的建议。比如，应该货比三家，搞价格竞争；采购物品应该分批付款，同一物品如果过半数出现质量问题必须扣除50%的违约金等。对该流程的执行、改进发挥了极其重要的作用。因此，根据张老师一年内的工作表现，幼儿园领导在学期末全园会议中对张老师予以表扬和奖励。

（二）根据临时性任务的完成情况——集体奖励原则

　　例如，幼儿园有接待任务时，公开课的申报有固定的流程，包括6个主要环节：发布信息、接受报名、提交设计、试课评课、公开观摩、月末奖励。公开观摩课形式上只是个人申报，但是个人有申报意愿后，一定会与其他班级成员沟通，争取支持，然后再向主管领导申请，随后提交活动设计、试课。书写活动设计和试课的时候，班级其他教师一定会出主意、配班、帮助准备或制作教具等，同时主管领导和其他相关教师会多次反复听课、评课。整个流程执行过程中，看似"一个人的战斗"，其实是多个人的集体智慧。所以，主管领导对这个流程链上涉及的班组要集体奖励。同时，主管领导一年中如多次带教和指导教师观摩课，成绩突出，同样会授予"带教新人奖"，颁发园长奖励基金。

（三）根据特殊情况下的突出表现——重点奖励原则

为了应对临时性、突发性的事件，幼儿园制定了"抗震防洪应急流程""传染病应急工作流程""突发事件应急流程"等，以便紧急情况下各类人员能相对有序地开展应急工作。但是，安全事件真的是"防不胜防"，任何人都不可能完全掌控可能会发生的事。所以，在特殊情况下，个体的应急表现如果对整个应急流程的发展和处理起到了关键性作用，就必须要用奖惩的形式，让每位教师都成为保证幼儿生命安全的护航使者。

案例6 火灾发生后

> 某班教师正在值午班，寝室里熟睡的孩子们时不时发出几声香甜的小鼾声。就在这时，教师突然发现屋顶的电线像一条火蛇一样迅速燃烧起来，一刹那，当班教师想到"着火了"！随后，她大声喊孩子起床，谁都不要穿鞋子，立刻跟随教师跑到楼道里，前后用了不到 3 分钟，就在这时路过的武老师发现了情况，立刻跑到电闸箱前，迅速把楼层的电闸全部拉下，接到电话赶来的安全人员赶到时，紧急处理了后续的事情。

在这件事情中，武老师临危不乱，迅速关掉电闸的行为为整个应急工作流程的执行争取了时间，减少了不必要的伤害和损失，对流程的执行效果起到了关键性的作用，应该依据流程管理规定对她进行奖励。

（四）根据全园性任务的执行情况——全园奖励原则

前面提到了，幼儿园通过设定岗位任务，促进各岗位责任人带头负责好各块工作，但更多工作是全园性质的，需要多类人员共同参与、协作才能完成任务目标。这种情况下，就要对不同流程链上的人员分别进行奖励。

例如，在"班级外出活动流程"中，各类人员在不同的环节上负责的内容也不尽相同，但是离开任何一个环节上人的尽职尽责，该项流程均不能顺利进行，在紧急情况下还可能因为临时替补、重新分配任务、现场核对信息而造成工作混乱。安全责任重于泰山，在班级外出活动流程链中的每一个人，都肩负着不可替代的重要责任，各司其职，各尽其责，共同保证该流程的顺利执行。所以，此类重大任务流程的执行，需要对所有环节的人员进行程度不同的奖励。

案例 7   是迟到还是请假

> 某日上午 8 点 12 分，门口值班领导正在值班的室内核对教师考勤情况，发现一名老教师急匆匆地走进园内，没有打卡便直接往班级的方向走去。此时距正常上班时间已过 12 分钟。值班领导马上就追出去喊住了老教师，提醒她没有打卡，已经迟到了。正当值班领导填写迟到人员记录时，该老教师又出来了，说已经请假了，不上班了。为什么会出现临时请假的情况呢？按幼儿园奖惩制度规定，幼儿园教师迟到按规定 5 分钟以内扣 5 元，5～10 分钟扣 10 元，10～30 分钟扣 20 元。而教师请假一天 40 元，半天 20 元。也就是说，教师迟到应扣金额与请假半天扣的金额是相同的。这时值班领导马上和主管领导沟通情况，并把该教师已经迟到的事实向主管领导进行了沟通。

　　幼儿园的请假审批流程分两类：一是教职工请假。请假 1 天以内，主管主任审批，并保管请假条；请假 2～3 天，请主管主任签字后，由主管园长审批，主管园长保管请假条；请假 3 天以上，请主管主任、主管园长签字后，由园长审批并保管请假条。二是管理人员请假。凡请假，先请主管领导签字后，由园长审批，园长保管请假条。同时要求，所有职工请病假 5 天以上，均须附诊断证明。同时，请假制度中也有规定，任何请假都要提前半小时向相关领导提出申请。

　　幼儿园迟到相关规定中也有说明，教师在确认自己已经迟到后，为避免惩罚而再去请假的，属于违纪行为。但为什么教师没有提前半小时请假领导就批准了呢？这其中暴露出了管理人员执行制度不严的问题。在经过调查之后，依据流程的管理规定，对当班的主管领导和迟到教师分别进行了惩戒。

三、流程奖惩的特点

(一)奖惩的时效性

　　科学管理的有效表现之一就是奖惩的及时性。依据流程管理各项规定及时兑现奖惩，是管理人员应该主动做好的工作。在幼儿园的奖惩制度中，对于教职工的各种行为表现，有明确的奖惩规定，不仅详细给出了哪些行为属于奖惩的范畴，同时规范了奖惩的尺度，明确了奖惩的时间。例如，何种行为应在月奖励中兑现，何种行为将在学期末奖励中体现等。因此，幼儿园管理者应严格履行奖惩制度，对于教职工在工作中的特殊贡献或突出表现给予及时的奖励，以此起到推标杆、树典型的积极作用，推动单位的整体工作稳步向前发展。例如，某教师在专业刊物上发表了一篇幼教文章，幼儿园就要严格按照奖惩制度规定，在发表当月及时做出绩效奖励。本该当月兑现的事情却迟迟没有兑现，也会影响教师工作的积极性。及时的奖惩能够给教师带来更加深刻的行为认知体验。同样，如果某教工在某月份出现严重违纪，不仅要在当月例会上通报批评，还要同时扣除当月部分绩效奖励。及时的奖惩也在提示大家奖勤罚懒是一成不变的原则。

案例8 找了就有，不找就没有

> 某日，教研组长李老师手持一张单据，来到了教学领导办公室。原来，李老师是来为本组教师申请加班奖励。她说："这个月连续3次会议都从上午8：30开到了上午将近11：30，每次都拖延我们组教师的下班时间。我们申请给算一个半天加班的奖励。"李老师还无奈地说："咱们固定的制度，扣钱的条款多，兑现也很及时。但是奖励条款相对比较少，很多该奖的内容也不奖。以前就是这样，我们找了，就会很快兑现；如果不找，领导不是说'忙忘了'！就是说'教师境界要高点，多奉献，不要总提钱'！可是，教师有事晚来一会儿或者迟到了，没有一次不扣钱的。一说加班就讲奉献，这很不公平。"

如果总是需要教师"去找"或者"去提醒"才能被动地兑现，教师不去找或不提醒就总是忘记，这说明相关规定对管理人员的制约力度不够。只有管理人员能及时、细致、周到、主动地为教师服务好，建立起管理信任感，让教师无后顾之忧，才能将精力全力以赴用在工作中。幼儿园从上到下，应该对各级管理人员的职责，以及履职情况进行及时的考评。管理人员工作做得好与不好，必须要客观考评，兑现奖惩。同时，更重要的是，管理人员要统筹好负责的常规工作和应急工作，合理规划，防止因临时工作而影响常规工作，也防止因工作忙而影响教师的切身利益，尽职履行好肩负的保护教师权益的责任。

（二）奖惩的灵活性

按制度办事，依条例奖惩固然是对的。但不能说制度上没有规定的就不能执行，也不能说制度确定过的东西就必须照搬。流程的实施过程中不仅需要灵活，流程的奖惩也需要有灵活性。因为不变是相对的，变才是绝对的，我们又怎么能够使用一成不变的东西来应付千变万化的事物。在工作中使用的例外管理越多，就越能反映出它是符合实际的。

案例 9　该不该奖励

　　一日，小四班的刘老师正在组织孩子们进行美术活动——苹果涂色。正当刘老师面对黑板进行涂色示范时，背后传来一阵急促的喘息声。刘老师立即转过身去，看向孩子们。只见妞妞两只手捂着脖子，小脸憋得通红，喉咙一上一下发出呜呜的喘息声。刘老师立即放下手中的粉笔，飞身过去，一把拎起妞妞，使其头冲下，用力拍打其背部。几下拍打之后，只听"砰"的一声，一个沾着些许喉咙分泌物及血丝的小发卡从口中喷射出来。此时，妞妞"哇"地哭了起来，呼吸变得顺畅，小脸也开始慢慢恢复正常。

　　原来，妞妞在集体活动时，偷偷把头上戴的小发卡放到了嘴里，不小心咽下去卡住了喉咙。幸亏刘老师采取了正确的应急处理措施，才使得险情得以化解。不然，后果将不堪设想。虽然事故化解了，但在刘老师心理也留下了事故阴影，也使其他教师对日常安全工作提高了重视程度。

　　针对刘老师此次事故中的出色表现，园领导在全园会议上给予了认可。同时，提醒带班教师注意幼儿的安全，对幼儿进行安全教育，以防类似事故的发生。那么，对于刘老师的应急处理行为，幼儿园是否应该给予物质奖励呢？

　　在本园教师奖惩制度中，没有明确指出此类行为应如何给予教师奖励。但其中一条是这样规定的："教职工发现幼儿园安全隐患，及时上报或做出正确处理行为的，给予100元奖励。"对此，幼儿园领导班子通过会议讨论，认为此次事故中，刘老师发现及时，临危不乱，急救措施正确得当，避免事故恶向发展，应该予以奖励。最后，确定奖励金额为200元，以兹鼓励教师掌握的正确应急行为，避免事故发生。

　　上述案例中，正是刘老师的及时应变，正确施救控制了事故的发展。幼儿园有一套完整的应急流程。但如果按照应急流程规定处理上述事故，则会耽误孩子的施救。可见，流程需要灵活应用。同样，流程的奖惩也需要具有灵活性。当教师在实际工作中应对某些临时问题，出现奖惩制度规定之外的优秀行为表现时，还一味按照制度规定来衡量此行为是否在奖惩范畴，而不给予适当的奖励，则会使奖惩工作变得死寂，缺少一种活力。这样不仅会影响教师的行为创新，还会影响其工作的积极性。

　　当然，灵活管理的前提是不仅要有一个和谐的领导班子，还要有一个善于学习，理解和支持幼儿园管理，集体意识强，愿意为了幼儿园发展群策群力的团队。同时，还需要明确的是，幼儿园内部流程管理中，针对奖惩不仅要有物质性的奖励，如奖金、休假、优先外出学习等，还要有精神性的，如荣誉证书、会议表扬等，两者要灵活运用。每月对全园工作的总结，不仅是对流程以及全园各类工作的过程性评价，也是另一种非常重要的奖惩形式，同样起着重要的督导和指导作用。这是树立标兵和标准，纠正错误的一种重要手段，对流程的执行起着非常重要的奖惩效果。但具体的执行过程中，除了上述的奖惩要及时的原则外，还要坚持做到奖惩有据、先宣传后执行；奖惩公平、功过分明不相抵；有功则赏，有过必罚；等等。

第五节　让流程逐渐成为一种习惯

张瑞敏曾经讲过："什么叫不简单，能够把简单的事情天天做好，就是不简单；什么叫不容易？大家公认的非常容易的事情，非常认真地做好它，就是不容易。"这句话带给我们很多思考，让我们更多地想到流程管理，如果幼儿园里的每个教职员工都能按照流程做事，并让流程成为一种行为习惯，那么，幼儿园距离达到"制度管人、流程管事"的科学管理状态就不远了。

一个人做一次好事容易，难的是每天都坚持做好事。工作中走流程又何尝不是如此？工作中坚持规范地走一次流程很容易，但要求每天、每时必须按部就班、规规矩矩地按流程来工作，是不是人人都能做到呢？工作中坚持走流程的过程，其实就是一个抛弃旧习惯、培养新习惯的过程，从凭感觉办事到按流程执行，这一过程的转变就是要磨掉随意、回归标准。

习惯不是天生就有的，而是后天长期反复练习、反复塑造后形成的，是可以改变的或重新培养的。既然如此，我们应该也必须有意识地把按流程工作作为我们新的好习惯来加以培养强化。改变的过程是一个比较痛苦的过程，因为我们已经习惯了以前那种根据经验工作的模式，要一下子按照感觉有些生硬僵化的流程来办事，那种不舒服的感觉是可想而知的。但我们必须要这么做，因为只有这么做，我们的工作效能才更显著，我们的管理才更规范更科学。终究有一天我们会发现，按照流程去工作将成为我们日常工作中不可缺少的一部分，而执行流程也将成为陪伴我们工作的好习惯。

一、让流程成为习惯，前提在于加深认识

要想让教师在工作中按照流程办事，达到让流程成为习惯，前提就是要让全体教师知道并熟悉流程，充分认识到流程的重要性，进而让执行流程成为一种习惯。

流程是多个人员、多个活动有序的组合。流程的关键是谁做什么事，该怎么做，做了之后产生了什么效果，传递了什么信息，这些信息传递给谁。为了让所有教师了解某项工作的具体操作程序，一般情况下，管理部门运用流程图的方式，通过适当的符号记录工作中的事项，用以描述工作活动的流向、责任部门与顺序。习惯就是由于重复或多次练习而巩固下来并变成需要的行为方式。每个岗位、每种行为都有自己的管理流程和工作流程，这些流程必须经过长期的实践经验总结出来，但也会根据幼儿园发展的不同阶段而进行适当的调整和完善。

案例 10 我已经请假了

周一清晨7：40，家长们陆陆续续带着孩子入园了。

7：55，已经快到幼儿吃早餐的时间了。但是，当保教主任巡视到大一班时，却发现这里大门紧闭，等待的家长和孩子们把楼道堵得水泄不通，而教师还没有到岗。

保教主任看到此情此景，一面安慰家长，一面赶紧用备用钥匙将门打开，引导孩子们进入活动室，组织值日生做餐前的准备工作。

8：00，保育教师到岗了，保教主任询问："今天早晨是哪位教师上早班？怎么没有及时到岗呀？"保教老师说："今天是刘老师上早班，我也不知道她为什么没有按时到岗。"

听了保育教师的话，保教主任给刘老师打了电话，刘老师说："我家今天临时有事，今天早晨我已经给你发短信请假了。"保教主任拿出手机，仔细查看，并没有找到刘老师的请假短信。

为了避免以后再有类似的状况发生。保教主任向刘老师描述了自己早晨看到的真实状况，并提醒刘老师："我们幼儿园是有请假流程的，这个流程早就发给了每个处室和班级，按照流程，你请假除了要提前向主管领导递交请假条外，还要与班级教师进行沟通，如果大家没有良好的沟通，难免会出现空岗的现象，从而影响教师在家长心中的形象，还会让家长对幼儿园的管理产生怀疑……"

听了保教主任的话，刘老师感到有些不好意思，她说："真是抱歉，都怪我没有考虑那么多。你们发的请假流程我倒是知道，但是从没有仔细看过，以后我一定仔细学习、贯彻，保证以后再不会出现类似的情况了。"

以上案例中，幼儿园并不是没有流程，也并不是没有落实流程，而出现问题的原因，其本质在于教师对流程的不了解、不重视。这就是我们所说的认识问题。

通过对以上内容的了解，大家可以知道：我们制定的所有的流程都是为了帮助教师更好地工作，是为教师们提供方便而不是为了约束教师们，是为了规范行为而不是一种负担。也许有的人会说，按照流程办事就是烦琐，一个程序一个程序走，不仅提高不了效率，反而会影响工作的顺利进行。这种说法是片面的、消极的。这类教师把流程当成了一种包袱，他们只看到了流程约束人的一面，却没有看到流程带给人好处的一面。他们刚开始时需要被约束着按照流程办事，而心里却很不情愿，因此，牢骚满腹，按流程做事只是做表面文章，敷衍了事，流程给他们带来的影响就是一种负担。这样的流程就如同虚设，起不到真正的作用。

流程执行的过程中，难免会出现这样或那样的差错和问题，可能是因为没有按照流程来处理问题。造成这种情况的原因大致有三个方面：一是不明白具体的工作流程；二是对流程不完全掌握；三是知道流程而不去认真执行。

"乍富不知新受用，乍贫难改旧家风。"这句话的意思是说，要改变一个人的习惯，需要有一定的过程，一个人要形成一种习惯，最短的时间需要21天。这期间，幼儿园要不断渗透新的观念与思想。一是让员工"知"，就是让教师充分认知流程、了解熟悉流程。流程制定完成后，不是完事大吉，而是要通过不间断地宣传、引导，加深教师对流程的印象，在思想上、认识上取得共识，知道哪些该做，哪些不该做，逐步改进教师的信念，让执行流程成为习惯。二是让教师"行"，就是让教师认同流程，忠于流程办事。教师充分了解和熟悉流程，长期不懈地按照流程做事并形成定式，才能形成习惯。教师不管在任何时间、任何地点都必须坚决、自觉地维护流程并执行流程，才有可能转变成习惯，成为幼儿园的文化。同样，执行流程也需要营造氛围，宣传引导，否则执行时很可能偏离流程的初衷。只有通过广泛深入地传播，贯彻到全体教师之中，流程才能变为习惯，才能发挥其统领引导作用。最终，流程因为宣传而得到传播、领会和自觉执行，幼儿园文化因为传播而传承与发扬。

二、让流程成为习惯，关键在于理念培养

当一种流程被认真学习、熟练掌握、准确运用的时候，工作效率会明显提高，工作效益也会随之显而易见。培养让流程成为习惯的理念，就要大力宣传，营造浓厚的氛围，努力让每个流程都刻印到每位教师的脑海中，落实在具体行为上，变被动执行为主动遵循，引导教师用流程来验证工作，使教师们感受流程成为习惯带来的好处，从而自主、自觉、自愿地而不是被动地执行流程。

流程成为习惯，需要自觉执行。没有规矩，不成方圆。对于一个幼儿园来说，如果没有制度和流程的规范和制约，在工作中就会管理无序、效率低下。只有全体教师共同执行流程、自觉形成凭借或者依靠流程工作的良好风气，才能不断提高流程的执行力，才能不断提升幼儿园的综合竞争力。

(一)管理者要带头执行流程

"善为人者能自为，善治人者能自治。"任何一所优秀的幼儿园都有完善的制度和流程，这些是约束教师行为的规范，也是幼儿园管理者与教师共同遵守的标准。"己所不欲，勿施于人。"要求教师做到的，管理者必须首先做到；要求教师不能做的事，管理者首先不去做。这样，不但可以正确引导教师执行流程，也能给那些不按照流程办事的教师施加巨大的心理压力。各级管理者在执行流程时不能心怀"下不为例""情有可原"的思想和观念，不管流程是否还有完善的空间，只要出台，就要坚决带头执行，只有这样，我们才能取信于教师，获得大家的拥护和支持，进而自觉效仿。反之，如果管理者自己不能执行流程，却要求教师去执行，必然会引起教师的不满，从而导致教师的工作积极性不高，执行流程走过场，流程也将形同虚设。

(二)教师自觉维护遵守流程

流程的执行，离不开教师的积极参与，而做到这一点的关键就是教师主观上都必须自愿接受这些流程，并入脑入心。一旦存在抵触、投机等心理，那么将流程变成习惯就会变得异常困难。所以，教师均应该从小事做起，从细微处着手。不论小流程大流程，都坚决按照程序和规定不折不扣地执行，所有教师都要放开思维，自觉成为流程执行的推动者和维护者。引申到工作的各个方面，从而处处都能养成良好的习惯，形成影响幼儿园发展、推动幼儿园前进的一种无形动力。

三、让流程成为习惯，核心在于行为养成

一种习惯的养成需要一个过程，需要坚持不懈，而这个过程的核心，就是"让流程成为习惯"的行为养成。坚持养成执行流程的好习惯，或许开始很难，但如果没有这种好习惯，也许只是瞬间的事，就有可能导致管理混乱的结果，付出巨大的代价。就幼儿园而言，各部门、各岗位都有自己的工作流程图，坚持用这些工作流程来进行工作，进而养成良好习惯，对教师来说，会更加清楚各项工作在哪个环节该去找谁，对于管理者来讲，如果出现问题能很快地知道从哪个环节着手解决。

有了完善的流程，就必须去执行，再好的流程也须在执行的基础上才有意义，否则流程就会形同虚设。只要大家持之以恒地执行流程，久而久之就会成为一种习

惯，是和吃饭睡觉同样重要的一种习惯。把"要我执行"，变为"我要执行"，那么，意义就会大相径庭。所以我们必须认认真真地从自身做起，自觉地执行流程。

四、让流程成为习惯，重要的是督导与落实

规范流程，检查监督，在于督促和提醒大家时时、事事、处处约束自己的行为，向流程的标准靠近，进而逐步变成自觉自愿的习惯。

一是流程成为习惯，没有特权。制定了流程，幼儿园的所有人必须不折不扣地执行，流程一旦不被重视，或其执行可以因人而异，那么流程也就可有可无了，幼儿园管理就将可能一步步走向无序。

二是流程成为习惯，奖励与处罚并重。在幼儿园中，教师由于不良的工作习惯未受到处罚，甚至因为无差错、执行流程灵活而受到表扬，那么按照流程办事的教师将会产生怨言，甚至改变良好的习惯，而有不良工作习惯的教师会更加肆意践踏流程，做老好人，造成流程执行不力，对待工作马马虎虎、稀里糊涂、影响工作质量和效能。所以，幼儿园应建立完善的流程执行监督考核机制，通过对流程执行的约束和主观的努力而改变员工的行为习惯。让遵守流程者获得奖励，让违反流程者受到惩罚，促使教师对每个流程都自觉遵守。

"冰冻三尺，非一日之寒。"良好的流程习惯，在于长期养成。幼儿园要科学发展，惠及全体教师；幼儿园文化要传承创新，与时俱进；持续优化幼儿园流程，循序渐进。在"每天进步一点点"中潜移默化，润物无声。也只有如此，大家对幼儿园文化才不会感到陌生，大家对流程才能根深蒂固，才能不断传承幼儿园文化。

流程一旦成为良好习惯，形成幼儿园特有的文化，各项工作就会有序有效地开展。可是最难转变的是习惯，迫切要转变的也是习惯，只有下功夫提高流程的执行力，经过持之以恒的努力，才能摒弃旧习惯，让新习惯成为条件反射和下意识的行为，习惯就会养成，教师就会自觉遵守，幼儿园就会长远发展。

总之，流程之始，如蛛丝，脆弱易断；习惯之后，如绳索，坚不可摧。流程不落实，执行不得力，一定程度上就是因为不按照流程做事的行为没有及时受到严惩，重流程，轻执行，睁一只眼闭一只眼，失之于软，失之于宽；流程制定与流程执行变成"两张皮"，按流程办事不如看领导眼色行事。为避免流程成为摆设，让流程成为习惯，幼儿园的每个管理者都要做流程的模范引领者、推动者，全体教师要做流程的模范执行者，只有这样，我们的流程才能成为习惯，有了习惯才能逐步形成幼儿园文化，有了幼儿园文化的基础，工作效率的提高，管理的规范，团队凝聚力才能提升，幼儿园才能得以长远发展。